ESPRIT DES LOIS, ESPRIT DES LETTRES
sous la direction de Bruno Méniel
10

La Vraie Histoire de John Doe

Élise Galpérine

La Vraie Histoire de John Doe

PARIS
CLASSIQUES GARNIER
2019

Élise Galpérine enseigne à l'université Paris-Descartes. Ses cours portent sur le système juridique anglais. Elle a effectué de nombreuses missions à l'université Paris-Sorbonne – Abou Dabi. Elle a publié *Le Murmure des tissus* (2010) et *La Folie Giovanna* (2012).

ISBN 978-2-406-08336-8 (livre broché)
ISBN 978-2-406-08337-5 (livre relié)
ISSN 2261-0324

PROLOGUE

L'homme que je cherche n'existe pas. Sa date de naissance est imprécise. Le lieu aussi. Et jusqu'au contours de son corps. On ignore son âge, la couleur de ses cheveux, de ses yeux, de sa peau. Pourtant, certains le disent sensuel. Je l'ai cherché, comme on tente de mener une enquête policière, relevant des preuves dans les milliers d'actes de procédure, mais c'est une intrigue romanesque que j'ai lue au fil des pages. Nombreuses sont les personnes qui m'ont aidée et guidée : la plupart d'entre elles n'existaient pas non plus. Quelques femmes, mais discrètes comme des filigranes. Nombreux sont les textes qui évoquent l'homme recherché, ou rapportent ses pensées, d'épais volumes, et quelques romans. Il est question de littérature et de droit, deux domaines de mots et de phrases, tous deux parlant d'humains, plus souvent réunis qu'on ne croit.

Une chose certaine, seulement : l'homme en question parle anglais. Il parcourt les rues de Londres, Anne étant reine, et son frère ou son cousin traverse les terres d'Amérique, et partout, de l'Inde au Canada, il égare ses suiveurs. Voilà sans doute le premier point pour lequel je dois plaider, une langue pas vraiment étrangère, *this temptation, I must resist, I know, like a threat. How could I betray my own language, wouldn't it be the deepest denial of literature? They say you never forget your mother tongue. And yet, isn't Casanova a French writer? And those who have had this experience of crossing the line were sailors endlessly roaming the globe or migrants whose identity was almost lost. And found again when they crossed the borders back. I, on the contrary, am not a traveler. I feel I have to apologize for writing about this English speaking man, whilst in France, about an English matter in French. And yet why, why? Isn't writing being your true self? Conferences and lectures on the English legal system, the puzzled looks of the listeners, this has been part of my life for almost thirty years*[1]. Je m'aperçois, en écrivant, que je tente de justifier par ce texte le livre qu'il précède, et non de le présenter, alors :

Il s'agit d'une série d'histoires que les décisions anglaises (ou les films d'Hollywood) nous livrent, comme des nouvelles qui s'emmêlent et se répondent. Ou encore : de correspondances entre des domaines de la pensée qu'on croit séparés, et qui le sont peu ; ou enfin une galerie de portraits, et autant de fenêtres qui s'ouvrent sur des existences, réelles ou rêvées. Une liberté est laissée au juge anglais dans la rédaction des décisions, quand le Français est enfermé dans une seule et longue phrase, dont la beauté, surtout rythmique, ne se livre qu'à certains. En pays de common law, la phrase est mélodique, presque rhapsodique, libre, personnelle : on reconnait le style de chaque juge, et certains ont pu laisser courir leur talent d'écrivains dans les pages de leurs décisions

Là-bas, les procès ont fait apparaître des fictions, et les hommes de papier entretiennent avec les hommes du réel des relations qui font fi des murs enfermant les prétoires. De l'imagination au droit, puis du droit à la littérature et au langage, les miroirs se font face, et renvoient le reflet de visages que l'éloignement et le temps modifient et polissent. Reflets et illusions, les images tournoient et le cinéma, décidément, n'est pas loin. J'ai traqué les archétypes, les modèles, les fictions, lu les arrêts, recherché les dates de naissance, croisé les éléments de fait. Je me suis étonnée des coïncidences, émerveillée de trouver la poésie plus souvent encore que je ne l'espérais, et de rencontres en voyages, d'être emmenée jusqu'en Arabie ancienne. Le matin, le récit s'interrompait, mais lorsque la nuit tombait, alors les images se présentaient, et un nouvel arrivant portait lui-même mille histoires plus une. Du modèle à l'archétype, de l'identification à l'identité, de la singularité à la foule, je ne savais plus et ignore toujours, qui du rêve ou de l'individu qui foula une terre, inspira l'autre. Qui commença le dialogue, de l'homme-archétype ou du groupe qu'il représente ? « Le pluriel est inévitable, car l'hypothèse d'un seul inventeur – d'un Leibniz infini travaillant dans les ténèbres et dans la modestie – a été écartée à l'unanimité. », écrit Borges. Les portraits qui suivent ne livrent pas la clé, et la question se heurte au vide. On parle toujours de soi, et je me suis laissée glisser sur la pente. Borges encore[2], dans *Le Livre des êtres imaginaires* : « D'autres déclarent que la terre a ses fondations dans l'eau ; l'eau sur le rocher ;

le rocher sur la nuque du taureau ; le taureau sur le lit de sable ; le sable sur Bahamout ; Bahamout sur le vent suffocant ; le vent suffocant sur une brume. On ignore ce qu'il y a sous la brume. »

El. Ga.

PRINCIPE

D'une tapisserie normande à une cour devenue suprême, les oppositions entre pouvoir royal et barons, cours royales et cours locales, ont zébré les siècles de leurs conflits parfois sanglants. Les cours royales ont triomphé. Pour le peuple de navigateurs, de voyageurs et de marchands, le juge use d'une fiction : les contentieux d'outre-mer seront jugés à Londres, puisqu'aussi bien, le préjudice est subi à terre. À la fin du XVIIe siècle, un juge, Matthew Hale, défend le procédé : « Bien que la fiction montre quelque chose qui n'est pas, il n'existe cependant pas de système de droit bien ordonné, même le droit civil, qui n'ait pas de fictions[3] ». L'usage des fictions et le romanesque dans le droit : ce dont il est question[4].

PSYCHODRAME
(NAISSANCE DE JOHN DOE)

Le roi Henry convoqua les évêques et les abbés, les comtes et les barons dans son pavillon de chasse, à Clarendon. Il leur fit approuver (mais les négociations avaient été âpres), le texte qui établit le rôle du jury en matière pénale[5]. Quelques années plus tard, à Northampton[6], le texte de Clarendon fut repris, et augmenté d'un volet civil. Les questions de propriété sont cruciales, le droit féodal obscur, et le roi-législateur espère asseoir son pouvoir en faisant juger les litiges sur la terre par ses cours, à Westminster. Deux actions sont introduites (ou peut-être confirmées) : l'action de *mort d'ancestor* et l'action de *novel disseisin*[7], accordée pour les cas récents de dépossession. On emploiera longtemps encore, la langue étrange, mi-latine mi-normande, qu'on nomme *Legal French*, et qui a laissé des traces dans le vocabulaire juridique moderne. À Jersey, le notaire s'appelle un écrivain. Et ailleurs, des mots survivent, empreints d'une lumière médiévale : *plaintiff, mortgage, tort, lien*[8]…

Il s'est passé une chose surprenante, qui pourrait presque faire croire à la supériorité du peuple anglais dans le domaine juridique, et qui indique, en tout cas, une relation très particulière, intime, au droit. Qu'aujourd'hui l'intimité confine parfois à l'absurde, ne change rien à l'affaire. Les usurpations de propriété étaient fréquentes. On tournait les talons pour une guerre, une croisade ou un simple voyage, et au retour, impossible de récupérer son bien : le voisin, l'ennemi, le fermier, le frère assurait que le manoir était sien, que le champ lui appartenait, que la rivière traversait ses terres. La procédure des cours locales, avec son duel, et la mort certaine pour l'un des deux combattants, manquait d'attrait. On tient à sa maison, mais on tient aussi à la vie. Il serait bien plus facile que l'affaire fût jugée par un groupe constitué de quelques hommes, dans la fraîcheur du palais de Westminster. Là gît l'idée, géniale et étrange, de jouer une petite scène de comédie, pour faire croire que la question posée n'est pas une question de propriété, (trop compliquée à juger, d'ailleurs), mais une simple question de fait, que les juristes appellent possession.

On demande à des tiers obligeants, souvent des avocats, de prétendre être l'occupant de la terre ou du manoir, en vertu d'un bail quelconque, et avoir été délogé par quelqu'un, qui lui-même se prétend propriétaire. Il faut, pour que l'artifice fonctionne, vraiment jouer la scène, écrire les lettres, s'étonner, lever les bras au ciel. Alors l'action en justice sera non entre deux propriétaires, mais entre un bailleur et un locataire ou fermier. L'usurpateur, celui qui s'est installé dans le manoir pendant que le véritable propriétaire combattait, et qui n'a pas plus envie de mourir dans un duel que vous ou moi, se plie au travestissement, les juges, qui connaissent aussi l'artifice, jugent la seule question de l'occupation. Ainsi, ils attraient le contentieux au sein de la cour royale. La mascarade dura, et l'action d'éviction supplanta l'action de *novel disseisin.* « Cette action d'éviction est un moyen de procédure fictif par lequel peuvent être jugées les questions possessoires relatives à des fonds et titres corporels, et la possession effectivement obtenue, sans passer par une action réelle[9] »

La fiction est maintenue, les acteurs demeurent, on leur attribue des noms transparents comme de mauvais jeux de mots : Goodright, Goodtitle[10], Goodenough. Ils s'opposent à Badtitle[11], à Troublesome[12], ou au plus chic Shamtitle. Le jeu est lancé : puisque tout le monde sait, et le juge en premier, alors on s'amuse, on se défie, on plaisante. Dans ce théâtre, un autre personnage apparaît : John Doe. Il est donc bien né en Angleterre. Oui, mais quand ? Quelques enthousiastes font remonter son existence au XIVe siècle, sous le règne d'Édouard III, ce qui parait exagéré. L'action d'éviction apparaît à ce moment-là, mais ce n'est sans doute que deux siècles plus tard que John Doe en devient le demandeur favori. Lorsque, à la fin du XVIIIe siècle, Blackstone écrit ses commentaires[13], et cite John Doe, il semble reprendre un usage très établi, et des décisions du XVIIe siècle font bien apparaître le demandeur imaginaire[14]. Entre le faux bailleur, le faux fermier, et leurs avocats, toute une troupe de personnages imaginaires est convoquée : John Doe, Richard Roe, mais aussi John Den, Richard Fen, ou William Stiles. Les déclinaisons se multiplieront dans le pays qui, bien avant le verlan, a inventé l'argot rimé. John est particulièrement actif, et même procédurier.

Dans certaines tables de jurisprudence, plus d'un millier de décisions le citent comme demandeur[15]. Blackstone propose des modèles de lettres qui commencent à peu près ainsi : « J'ai été informé que vous étiez en possession, ou vous disiez propriétaire etc. » et sont signées « Votre ami affectionné, William Stiles[16] ». Les réformes victoriennes ont balayé la mascarade. Le parlement précise que, sur les actes de procédure, doivent figurer « le nom de toutes les personnes revendiquant la propriété[17] ». John Doe et ses amis imaginaires disparaissent alors des prétoires anglais, mais ils sont toujours là pour protéger l'anonymat des justiciables. John ne joue plus la comédie, il mène une vie discrète, sa femme s'appelle Jane, et son fils Baby Doe.

L'homme a de l'énergie, et peut-être le mal du pays : il réapparaît en Angleterre en 2003. L'auteur de *Harry Potter* a obtenu, avec son éditeur, une décision contre toute personne, même non identifiée, promettant de diffuser illégalement des exemplaires ou des extraits d'un épisode inédit. Les ordinateurs et leur numérisation rendent fort difficile la recherche des généreux diffuseurs. Les injonctions sont prononcées contre John Doe. Les « *John Doe orders* » existent dans plusieurs pays de common law. Une fois le défendeur identifié, il s'agit non d'une substitution de défendeur, qui serait illégale, mais d'une rectification, puisque, précisément, John Doe n'existe pas[18].

NAISSANCE DE L'HOMME MOYEN

L'Hypothèse belge

Adolphe Quetelet est un homme du nord, moitié français, moitié belge. Mathématicien, né à Gand à la fin du XVIIIe siècle, il consacre une grande partie de son travail aux probabilités, mais il s'intéressa aussi à l'astronomie, à la météorologie. En 1835, il publie un ouvrage dans lequel il donne les traits principaux de « l'homme moyen ». Appuyé sur des études statistiques, son travail a une visée sociale.

De lui[19], viendrait l'idée d'établir nos caractéristiques générales, de nous grouper en cohortes, d'établir des courbes censées suivre notre pensée. À lui, nous devons peut-être l'essor exaspérant de l'enquête d'opinion. Vous ne connaissez rien en politique étrangère ? que pensez-vous de la derrière résolution de l'ONU, de la campagne d'Afghanistan, de la libération des otages ? Vous ignorez tout de l'économie ? Parfait ! Diriez-vous que vous êtes : très satisfait, plutôt satisfait, pas satisfait, pas satisfait du tout de la loi de finances rectificative ? ou sans opinion peut-être ? Pensez-vous que cette photo corresponde à l'image que vous avez de la marque ? diriez-vous que vous êtes tout à fait d'accord, plutôt d'accord, ou plutôt pas d'accord (on apprécie la formulation élégante) avec les assertions qui vont suivre. Ah mais, il n'y a pas l'option « je ne connais pas la marque » ? Les jeunes, qu'on oppose aux vieux, les citadins aux campagnards, et les travailleurs aux retraités ! et les ménagères de moins de cinquante ans existent elles ? Tout ceci détermine des stratégies d'entreprise, des choix politiques, des campagnes de communication : j'ai décidé de dissoudre l'Assemblée Nationale…

La pente est fort dangereuse, le dérapage n'est pas loin, on se laissera aller à l'anthropomorphisme, et quelques années plus tard, l'italien Lombroso classera les criminels en plusieurs catégories : le criminel occasionnel, le criminel par passion, et le criminel-né. Lui aussi s'intéresse à la météorologie, l'influence des chaleurs excessives sur le comportement criminel. L'influence de la race, de la couleur des cheveux : les Albanais, les Juifs. Pour chaque peuple il établit des statistiques de la délinquance et des crimes, les travers les plus fréquemment rencontrés : vagabondage, vol, prostitution, crimes de sang. La période est au « tout physique » ou tout héréditaire. Il boit car son grand-père buvait, son fils boira, sa mère terminera clocharde sous un escalier. La vie sociale ne devait pas être facile pour le médecin : comment se comportait-il lorsqu'il repérait chez son voisin, son commensal, sa cavalière, les caractéristiques physiques qu'il attribue au criminel-né ? Le livre de Lombroso est plein de schémas, de statistiques et de courbes. Il cite Mendel, il coche des caractéristiques physiologiques : les pommettes saillantes, les yeux « en arcs ». Il s'appuie sur des travaux de confrères, il utilise des instruments de mesure étranges, mais précis. De funestes images du siècle suivant assaillent l'esprit.

Cependant Lombroso prendra parti contre l'antisémitisme, et soutiendra le capitaine Dreyfus.

FEU DE PAILLE

Très vite, bien que moyen, l'homme est à la mode, l'engouement se vérifie même au-delà des mers. La science progresse : on cherche à établir des catégories, des familles, à établir les règles de transmission, les caractères. Le jeune Mendel est élève dans un lycée de Moravie, Darwin parcourt le monde, et un fermier anglais installe ses meules de foin dans le champ qui jouxte la propriété de son voisin. À plusieurs reprises, on le met en garde. Il faudrait les bouger, les aérer, l'odeur n'est pas bonne, un petit panache de fumée s'échappe : ça fermente là-dessous. Le fermer hausse les épaules. Il sait ce qu'il sait. Des années qu'il procède ainsi. Las ! une meule de foin s'enflamme et le feu s'étend, les destructions sont assez généreuses : les bâtiments de la ferme et les cottages du voisin.

Deux ans après l'article de Quetelet, en 1837, les juges anglais ont recours aux services de l'homme moyen[20]. La question posée était de savoir si le fermier avait été négligent. Trop facile à dire, après les événements, plaide (assez piètrement) l'avocat du fermier. En outre, il ne peut être accusé de négligence, puisqu'il est lui-même victime de l'incendie. Le juge résume ainsi la situation : il s'agit de déterminer si les mesures adéquates, à adopter dans de telles circonstances (risque d'embrasement d'une meule de foin), sont les mesures qui seraient mises en œuvre par un homme d'une prudence et d'une intelligence moyenne. Il ne suffit pas d'être de bonne foi, ni de se baser sur le niveau d'intelligence de l'individu en question. « Je n'avais pas compris » ou un air contrit et penaud, ne peuvent justifier une exonération de responsabilité.

Le juge recherche, et c'est la tâche qui lui est habituellement assignée, l'élaboration d'une règle à visée générale, d'un raisonnement qu'on peut adapter[21] à d'autres circonstances et à d'autres faits, et l'homme moyen, lui sert d'instrument de mesure. Un homme moyen, mis en garde à plusieurs reprises, réagit-il de la même manière, ou plutôt en l'espèce, s'abstient-il de la même manière de prendre la moindre mesure ? Eh bien non : tout autre, dans une semblable situation, eût bougé les meules et aéré le foin, le fermier, bien qu'ayant lui-même subi un dommage, a été négligent et sa responsabilité est retenue. Le juge, influencé par la formule de Quetelet, cite « l'homme moyen », en français dans le texte. Pourtant, un homme comparable était apparu en Angleterre longtemps auparavant, en sorte qu'on peut considérer la présence de « l'homme moyen » comme quasi accidentelle. Pourtant, l'individu n'est pas demeuré sans descendance.

ESCARGOTS

Le 26 août 1928, dans la petite ville écossaise de Paisley, Mrs Donoghue se rend dans un café avec une amie. Elle commande, non la légendaire tasse de thé, mais une bière de gingembre. Il fait si chaud. La boisson, très désaltérante, un peu amère, est réalisée à partir de la fermentation du gingembre, auquel on a ajouté du sucre ou de la mélasse, et une levure. La fermentation se fait en quelques jours. De nos jours, il en existe deux versions : une alcoolisée, et un soda. Son amie a insisté pour payer. Si, si, la dernière fois, c'était toi. La bouteille d'un verre parfaitement opaque, était scellée par un bouchon de métal, en sorte que l'examen préalable du contenu était impossible. « Elle affirme » indique Lord Thankerton dans le jugement qu'il rédigea à l'issue de la procédure, que le tenancier de la boutique « a versé la bière dans une timbale qui contenait de la crème glacée ». La bouteille portait une étiquette indiquant le nom du brasseur et son adresse. Donc, Mrs Donoghue boit la bière qui recouvre la glace, puis son amie, poursuit Lord Thankerton, « verse le reste du contenu dans la timbale, quand un escargot en état de décomposition, que ni elle, ni son amie, ni le vendeur n'avait vu, s'échappa de la bouteille[22]. » Mrs Donoghue en éprouve un choc nerveux, et aussi une mémorable débâcle digestive, dont près d'un siècle plus tard, on fait encore état.

Faut-il se méfier de la *ginger beer* ? Quelques années plus tôt, toujours en Écosse, où la boisson plaît tant, de semblables circonstances impliquaient aussi deux amis, une bouteille toujours opaque et les restes décomposés d'une souris morte. Un père de famille avait offert l'exquis breuvage à ses enfants qui en avaient éprouvé, eux aussi, grand inconfort[23].

Les juges anglais doivent respecter les décisions de leurs prédécesseurs. C'est la règle qui les conduit, les contraint, les forge, leur épine dorsale, leur nature même, le socle de leur virtuosité, le principe, intangible et malléable à la fois, le sang qui coule dans leurs veines, l'eau qui nourrit leur terre. Quelqu'un est-il responsable des dommages ainsi causés ? Non, disent Lord Backmaster et Lord Tomlin, ce serait la porte ouverte… par exemple à la responsabilité des constructeurs de maisons. Si une maison s'écroule et blesse un occupant ou un visiteur, « il n'existe pas de possibilité d'action contre le constructeur en droit anglais, bien qu'il en existât une à Babylone », croient-ils savoir. Les conséquences seraient alarmantes… oui, vraiment. Toute victime d'accident pourrait alors intenter une action ! Comme si, dans tout accident, « comme par exemple dans le récent accident du chemin de fer de Versailles », tout le monde pouvait demander réparation au fabricant de l'axe défectueux ! La catastrophe ferroviaire avait frappé les esprits bien au-delà des frontières. Elle avait eu lieu en gare de Meudon, et le nombre de victimes avait été élevé, sans qu'on puisse l'établir exactement, car les portes avaient été soigneusement fermées à clefs pendant le trajet. L'accident est mentionné par Marguerite Yourcenar dans *Archives du Nord* : son père se trouvait à bord.

Lord Atkin écrit « La règle qui impose d'aimer son prochain devient dans le domaine juridique l'obligation de ne pas causer de dommage à son prochain. Et la question du juriste : qui est mon prochain ? appelle une réponse restrictive. » – quand le religieux impose la non restriction. Il semble qu'en droit, la réponse soit : « toute personne qui est si directement affectée par mes actes, que la raison m'impose de la prendre précisément en considération comme pouvant, justement, être affectée lorsque j'applique mon esprit aux actes et omissions ainsi considérés. »

Pour Atkin pas de doute, il faut protéger le consommateur. Et de nombreuses décisions antérieures l'imposent. Lorsqu'elles vont en sens inverse, c'est que les faits sont bien différents, comme dans le cas de la bouteille de *Ginger beer*, encore une, cela commence à devenir inquiétant, qui avait explosé[24]. Il s'agissait alors de distinguer entre un produit dangereux en lui-même, et un produit dangereux par accident. Comme le fabricant ignorait le danger, il ne pouvait être tenu pour responsable. Pourtant, Atkin s'insurge. Et il n'est pas le seul ! Un produit *devenu* dangereux, c'est un loup déguisé en agneau. Le pire. D'ailleurs à l'étranger, la règle est bien établie : « La souris a émergé de la bouteille de bière aux États Unis, avant qu'elle n'apparaisse en Écosse, mais, elle a amené avec elle la responsabilité du fabricant. »

Lord Thankerton s'interroge sur les différents devoirs que le fabricant aurait dû respecter. Il énumère quatre points précis, pour conclure qu'il faut éviter que des escargots pénètrent dans les bouteilles de bière avant qu'elles ne soient fermées. Certes. Mais celui qui cite la perle, la porte de sortie magique, le passe-partout, c'est Macmillan. Il rapporte les propos de Lord Esher : « À mon sens, toute proposition ayant pour résultat de montrer que la common law anglaise est complètement déraisonnable et injuste, ne fait pas partie de la common law anglaise[25]. » Formidable, brillant : un joker presque universel pour échapper à la règle du précédent obligatoire. D'ailleurs, les arrêts qui vont dans le sens de la responsabilité sont aussi nombreux, comme le cas du pharmacien qui, alors qu'on lui avait commandé un extrait de pissenlit, a collé une étiquette pissenlit, sur une dose de belladonna.

Comme décidemment on hésite, et que dans le foisonnement des précédents, tous obligatoires, et tous différents, on se perd, pour clore l'affaire, on convoque l'homme raisonnable, la fiction juridique qui permet de confronter les circonstances particulières à un absolu. Cet homme raisonnable-là est légèrement abruti : il laisse les escargots et les souris crever dans ses bouteilles de bière. S'il manque de soin dans la fabrication, le fait de ne pas anticiper l'ensemble des dommages qu'il peut infliger au consommateur, à celui qui souhaite simplement se désaltérer avec une *ginger beer*, ne peut pas suffire à l'excuser. Trop facile. Décision : établissement de la responsabilité du fabricant.

Le café dans lequel Mrs Donoghue et Mrs Stevenson se sont innocemment assises pour se désaltérer et bavarder, a été détruit et remplacé par un jardin public. Une plaque indique désormais que c'est bien là, que se sont déroulés les faits de la célèbre affaire, mais ne nous renseigne pas sur l'origine de l'homme raisonnable, qu'il faut chercher ailleurs que sur les bancs des jardins publics.

RÉSONANCE 1

Des gens du nord, un ancêtre bourgmestre de Koksijde. On habite à la frontière, les vacances se passent tous les ans à Middlekerque. On loue une villa, les frères parcourent les soixante-dix kilomètres à bicyclette, le premier jour, pas de promenade sur la digue, l'air est trop fort, surtout pour les enfants. Le père viendra chaque vendredi. La plage est barrée de brise-lames, le vent transporte des paquets d'air iodé. Les petites filles ont fabriqué des fleurs de papier crépon multicolores. Chaque jour, on construit un magasin de sable : un monticule qui sert d'étale, et un petit fauteuil, pour la marchande. On s'installe devisant en commères qui attendent le chaland. Parfois, on s'aventure vers les autres magasins, on tente d'acheter une belle fleur. Ah non ! celle-là, je ne la vends pas. On se débrouille, hochements de tête et les gestes de maquignon pour indiquer le prix, et que l'accord est scellé. Les coquillages servent de monnaie. Le cours varie en fonction de critères connus des experts seuls : les couteaux ne valent pas grand-chose cette année.

Les jours de pluie, on visite les musées. Je me penchais, intriguée, vers les étiquettes apposées aux côté des tableaux, et le cortège des *Anonyem, circa 1530*, les mots flamands gardaient leur opacité, même les plus proches de notre langue. Le peintre m'intriguait, qui traversait les années, passant de Bruges à Anvers, de Gand à Roselaare, changeant de palette, de couleurs, de format. Je m'interrogeais sur sa dissimulation, la permanence de l'anonymat. Quel mystère derrière cela ? De riches drapiers lui commandaient un portrait, une vie de saint, le marchand et sa femme figureraient, nimbés d'une lumière rédemptrice, pêcheurs mais pardonnés. Les couleurs dansaient. Le travail à peine fini, l'artiste abandonnait l'atelier provisoire et s'échappait. Ou encore : les commandes se transmettaient secrètement. Dans des églises, sous des porches, dans des tavernes, on glissait des messages, on chuchotait, et les tableaux, peints à la lampe, étaient livrés par un innocent qui ne répondait à aucune question. Le même courant circule comme un fleuve entre les siècles et les maisons, parcourt les ruelles et les années. Encore un tableau : *Anonyem, anonyem*, ils se donnaient la main dans une farandole légère, et tournoyaient, de jour en jour. *Anonyem*, la répétition finissait par lui faire prendre corps, et l'imagination enfantine accomplissait son œuvre : un peintre mince et rapide, au talent protée, et qui avait pris soin de vivre dans le mystère, caché, toujours, à l'arrière des étroites maisons flamandes. Un peintre unique, qui à force d'agilité et de vitesse, redevenait multiple.

DE L'EMPIRE ROMAIN D'ORIENT

William Jones[26] fait partie de ces esprits qui embrassent tous les savoirs, et pour qui les frontières ne sont que celles, sans repos repoussées, de l'intelligence et du travail. Auprès de lui, on rougit de ses paresses et de ses velléités. Né à Londres au milieu du XVIIIe siècle, il apprit, enfant, le latin, le grec, et encore le persan, l'hébreu, l'arabe. Son érudition était connue, et son premier travail publié fut une traduction d'un texte perse en français, réalisée à la demande du roi Christian du Danemark. Orphelin de père très jeune, il était trop pauvre pour étudier. Cependant, sa réputation de linguiste passait les frontières. Il finit par rejoindre une école de droit, et fut nommé juge. Mais il prit parti pour l'indépendance des États Unis, et son livre sur le droit constitutionnel fut interdit. On l'exila au Bengale, puis à Calcutta. Il créa la « Société Asiatique du Bengale ». L'Inde l'envoûtait, il s'y installa définitivement et ses cendres y reposent. Jones a toujours été beau, il n'a jamais été vieux, un quart de son œuvre suffirait à remplir une vie. Il parlait plus d'une dizaine de langues, en connaissait sans doute une trentaine, et découvrit, entre elles, des parentés. Linguiste, bon poète, fin politique, excellent juriste, Jones a écrit sur les cautionnements, gages et dépôts[27].

Il trouva dans le droit romain, une analyse des différents degrés de négligence. La négligence grossière ou *lata culpa*, est « proche du dol ou de la fraude ». Transposons et imaginons : on vous confie une bicyclette, une voiture à cheval, ou un petit coupé sport, et vous le prêtez à votre tour à un escroc notoire pour qu'il aille faire une course rapide dans un village voisin. Surprise, il ne revient pas.

La négligence ordinaire ou *levis culpa* est le « défaut de la diligence généralement observée chez les hommes pour la conduite des affaires qui les concernent ». Par exemple : vous louez un petit coupé sport, dont vous avez besoin pour faire impression sur un tiers. Vous oubliez la clé sur le contact, le coupé disparaît. « Le soin ordinaire », qu'on était en droit d'attendre de vous, fait défaut.

La négligence légère ou *levissima culpa* est le défaut de ce soin que prennent les personnes particulièrement attentives et vigilantes pour leurs propres biens, en d'autres mots, une diligence particulièrement précise. Vous venez d'acquérir une jolie petite voiture rouge, chaque jour vous passez une chamoisette sur la carrosserie aux reflets de miroir, et vous dormez dans la pièce mitoyenne. Un soir, alors que l'automobile est garée dans son box, vous oubliez de verrouiller la porte basculante, pourtant baissée. Confiant, vous dormez d'une traite, mais le lendemain, votre bijou a disparu.

En s'appuyant sur le code de Justinien, et surtout sur le digeste d'Ulpien, Jones établit une nomenclature des situations, et pour chaque type de situation, le niveau de négligence susceptible d'entraîner la responsabilité. L'Oulipo semble proche quand on se plonge dans le jeu quasi mécanique des catégorisations, hypothèses et conséquences.

Dans les contrats qui bénéficient seulement au propriétaire de la chose, comme le contrat de dépôt, le degré d'attention demandé est celui de la bonne foi. Seule la négligence grossière est retenue. Cependant, la bonne foi elle-même peut connaître des degrés. On ne garde pas de la même manière, disons un troupeau de chèvres, une meule de foin et une table de ferme.

Si le contrat profite aux deux parties, comme une vente, par exemple, le soin demandé est « celui dont tout homme prudent fait preuve avec ses propres biens ». En conséquence, poursuit Jones, « le vendeur, le loueur, le prêteur sur gage, l'associé, le copropriétaire, sont responsables en cas de négligence ordinaire. » Enfin, lorsque l'intérêt contractuel est exclusif, comme dans le prêt d'usage par exemple, alors le degré de soin exigé est très élevé, et la responsabilité peut être engagée pour la plus petite négligence.

Les juges opèreront la bascule près de soixante années plus tard dans l'affaire de la meule de foin embrasée, en déclarant insuffisant le critère subjectif de la bonne foi : cet homme-là, ce fermier-là, croyait vraiment bien faire (première situation), mais sa bonne foi un peu béate n'a pas suffi à écarter sa responsabilité. Le juge a eu recours à une référence extérieure, objective, l'homme prudent ordinaire (deuxième situation).

Les juges citent expressément le droit des cautionnements, comme source ou lieu de naissance de l'homme prudent en question. Contrats et responsabilité partagent une origine commune, et les points de rencontre sont nombreux, au fil de l'histoire et aujourd'hui encore[28]. *Exit*, donc, la théorie de l'inspiration exclusivement belge. L'homme prudent vit le jour à Rome, il est passé par l'Orient de Justinien, il est le fils du bon père de famille, à la descendance abondante[29]. L'homme prudent dont il est question, sert à éclairer et mesurer le comportement du défendeur, du contractant, du propriétaire. Il est l'aune à laquelle on apprécie le comportement des participants à l'action. On le substitue à l'un des deux impétrants. Il n'est pas encore un tiers observateur, son frère qui intervient en matière contractuelle.

Cependant, il ne suffit pas que Jones plonge dans le *Corpus Juris Civilis* de Justinien, encore faut-il reconnaître dans des décisions anglaises, l'application des beaux rouages romains. Dans une affaire, jugée au XVIIe siècle, le poète trouva la trace de l'homme imaginaire[30]. Les faits étaient les suivants : Bernard proposa à un tiers de transporter gratuitement plusieurs barriques de brandy d'une cave à une autre. La distance à parcourir était d'environ un demi *mile.* Or, Bernard manipula les barriques avec si peu de précaution que l'une d'elles se fendit. Quel maladroit ce Bernard ! La difficulté juridique vient de ce que l'offre de service était gratuite. Le juge étudia les différentes situations de dépôt. Il en dénombra six, et la sixième était le dépôt sans récompense financière. « Si vous voulez, je bouge ces caisses de Brandy ». Si le dommage subi par les biens l'est à la suite d'une mauvaise gestion, d'une négligence, l'autre partie dispose d'une action en justice (car ainsi allait l'ancien droit anglais, non de principes généraux appliqués à des cas particuliers, mais d'actions en justice que le juge lui-même accordait. Grande complication.) S'il apparaît que le dommage subi l'eût été par toute personne, alors le dépositaire n'était pas responsable. Voilà le passage, discret, à l'utilisation d'une référence extérieure et fictive. Le juge continue : si par exemple lors du transport des barriques de Brandy, le dépositaire qui a offert ses services croise un ivrogne qui se jette brutalement sur les barriques, et en fait tomber une, alors la responsabilité de l'ouvrier qui a proposé son aide n'est pas engagée. Apparition timide ténue, discrète de l'individu, l'homme imaginaire, mais Jones l'a bien noté : les références du juge au droit romain, et aux analyses qu'en livra le célèbre juriste Bracton, au XIIIe siècle, ancrent le domaine dans sa filiation justinienne. Jones résume et redit[31] : « la négligence ordinaire est le manque de ce soin que prend pour ses propres affaires un homme d'une prudence ordinaire et capable de gouverner une famille ». Je vois là la naissance de l'homme prudent, le moment où Jones établit sa filiation nette avec le *bonus paterfamilias*, tout en favorisant son détachement et l'établissement de sa personnalité. Tu quitteras ton père et ta mère, est-il écrit.

Une soixantaine d'années après le traité de Jones, dans une histoire de canalisation gelée lors d'un hiver particulièrement froid, éclatement des canalisations, inondation etc., les juges écrivent : la négligence est « le défaut d'action qu'un homme raisonnable aurait accomplie guidé par les éléments qui gouvernent ordinairement la conduite des affaires humaines, ou l'action qu'un homme raisonnable et prudent n'aurait pas menée[32]. » Les formules sont reprises presque exactement, l'homme raisonnable est installé.

Jones est, dit-on, le premier traducteur de l'âpre poésie préislamique. L'écriture même des textes traduits est entourée de légende et de poésie. Les lettres auraient orné de gigantesques toiles suspendues à la Ka'aba et qu'on imagine voletant avec lourdeur dans la chaleur de l'Arabie. Les sept poèmes sont emplis d'histoire d'amour, de désert, de femmes et de vin, mais aussi de droit, d'échanges, de contrat, de successions, et de mariage[33].

Delightful too was the day, jour béni, when Fathima at first rejected me, au sommet d'une dune, and took an oath, qu'elle promit de ne pas rompre[34].

Ah, thou knowest not how many serene nights, aux plaisirs, aux convives exquis, j'ai passé à deviser[35] *!*

Souvent, j'ai bu pure wine in the morning, and draw towards la douce esclave, qui de ses doigts, frôlait les cordes d'un luth[36].

When the nations are assembled, some hero of our tribe, s'érige en défenseur têtu d'une affaire ardue, s'en inflige le fardeau[37].

… de ce fol amour j'eus la nostalgie et me souvins, quand au crépuscule je vis, au chant des chameliers, partir les palanquins[38]*… in the midst of the black dust, the horses were impetuoulsy rushing…*

RÉSONANCE 2

Allons, il faut avouer : je veux dire que les êtres fantoches, les silhouettes grossières, les êtres désincarnés sont loin de moi. N'ai-je pas plus d'orgueil, davantage de caractères que l'homme raisonnable qui doit en avoir si peu ? davantage de contradictions que les êtres dont les goûts, les choix et les comportements s'articulent comme dans une mécanique huilée ? Rien n'est comparable, puisque la pensée sauve, et que la poésie existe. Ai-je jamais été, finalement, une ménagère de moins de cinquante ans ? Il n'y a guère que dans les moments de maternité, que je me suis sentie inscrite dans une moyenne universelle, dominée par la nature qui dictait tout, et sœur, même des plus éloignées. Hormis ces quelques mois, je me pense singulière. Et solitaire, cela va ensemble. Pourtant ai-je jamais décidé ?

Ma vie se forge dans un creuset de hasards. Certains ont-ils imprimé leur volonté dans la suite des jours, si humbles, qui tracent une existence : les soldats, les conquérants, les voyageurs, les exilés parfois. Rien de tout cela pour moi. Les heures gaspillées, les jours inertes, et les fiévreux à travailler, les nuits à aimer, les chemins que j'ai longtemps hésité à parcourir. Au mitan de l'existence, faut-il se retourner ? ai-je amassé les jours ou se sont-ils écoulés, comme l'eau échappe à jamais, vers les tréfonds de la terre. Soudain le vent s'élève, les herbes ondoient, les fleurs se brisent, et le tonnerre : c'est la nuit en plein jour, les cieux réclament leur tribut. Quelques-uns seront happés, leur vie se termine. Mais… pas de mais, c'est ainsi. Chagrin, stupéfaction, sidération. Alors, les morts nous interrogent de leurs yeux fiévreux : qu'as-tu fait de l'heure qui vient de passer ? Cependant que le tonnerre gronde, que la pluie jette ses épées dans une hâte folle, la réponse se dérobe : lenteur, solitude et réflexion, au creux d'heures qui semblent vaines, donnent parfois de beaux fruits. Rares, rares les moments de plénitude. Parfois accomplis, ils vous cueillent, surprise. D'autres les annoncent – ou les rappellent – comme une mélodie plus douce et plus triste. Ne pas les mépriser. Mais les milliers de jours passés tracent à peine une ligne. Tous les fleuves coulent vers la mer, et la mer n'est pas remplie. Plus tard peut-être, certains dessineront-ils la courbe que nous distinguons à peine.

PLOMBIER

Durant la première campagne qui a abouti à l'élection de Barack Obama, les deux candidats ont souvent mentionné un certain Joe le Plombier, comme représentant la véritable Amérique : l'Amérique des travailleurs et des petites entreprises, du rêve. Joe le plombier a été évoqué à plusieurs reprises par les deux candidats lors du dernier débat télévisé. Joe existe, il s'appelle Samuel Joseph Wurzelbacher, il réside en Ohio. Il a par la suite, et sans beaucoup de succès, tenté une carrière politique locale.

PARENTÈLE

L'homme prudent ou l'homme ordinaire du XVIIe siècle, référence unique et recherche d'absolu, s'est par la suite divisé et spécialisé : on le décline dans les différentes professions, il est parfois intelligent[39]. Les victimes de dommage elles-mêmes doivent se conformer au mode d'emploi, se comporter en « utilisateurs raisonnables[40] ». Des travaux importants ont-ils bouché des canalisations, provoquant des inondations dans des cottages qui n'en n'avaient pas connues depuis leur construction, dans les années trente ? La question posée est de savoir si l'ingénieur intelligent aurait pu anticiper le désastre[41].

L'élève blessé dans un accident de ski survenu lors d'un séjour en Autriche, pour que la responsabilité du professeur soit retenue, doit établir que la décision prise (laisser skier un jeune homme qui avait été imprudent à plusieurs reprises, les jours précédents) n'aurait jamais pu être prise par aucun professeur raisonnable dans la même situation[42]. Le médecin raisonnable aurait-il pris la même décision (de laisser sortir une jeune femme suicidaire, qui s'est effectivement suicidée)[43] ? Le soldat raisonnable aurait-il agi comme celui qui, en mission au Kosovo, a tué un homme ? Cependant, lorsqu'on évalue le comportement du soldat, il faut se souvenir que l'action « ne se déroule pas dans l'atmosphère calme et analytique d'une cour[44] ».

Un homme intelligent était déjà présent dans la constitution de Clarendon, en 1166. Pas tout à fait le même que le personnage imaginaire dont le caractère pourtant falot, s'affirme et se dessine au gré des contentieux. Non, l'homme intelligent de Clarendon est un homme de confiance, un homme sérieux, et qui est conscient de l'importance d'une mission. Il est le courrier, l'intermédiaire, le messager : « (...) s'il n'est pas prévu que les juges viennent suffisamment tôt dans le pays où les arrestations ont eu lieu, que le sheriff fasse savoir, par l'intermédiaire d'un homme intelligent, à l'un des juges les plus proches, que de tels hommes ont été pris (…)[45]. » Son cheval s'éloigne et le messager, engagé sur les routes sinueuses, agite la main pour saluer l'homme ordinaire, qui se laisse deviner à travers la brume des siècles à venir et des procédures.

CRIMINEL

En 1943, sous la plume du juge Macmillan[46], on lit : « Le niveau de prévoyance dont doit faire preuve l'homme raisonnable est un test impersonnel. Il élimine l'équation personnelle, et est indépendant de toute idiosyncrasie de la personne particulière dont la conduite est examinée. L'homme raisonnable est supposé ne pas avoir d'appréhension excessive, ni de confiance excessive. » Il s'agit de responsabilité civile (*torts*).

La question posée est celle de la référence à l'homme raisonnable en droit pénal, et au-delà, de la possible adaptation du critère, apparu à l'origine pour des questions civiles. Faut-il prendre en compte l'âge et les capacités physiques de l'accusé ? Un garçon de 15 ans a tué. Il dit avoir été provoqué, qu'on s'est moqué de lui. Sans doute le caractère raisonnable n'est-il pas le même aux différents âges : la fougue de la jeunesse, la vieillesse désabusée, la sagesse de l'âge mur (quel est-il d'ailleurs ?). Doit-on attendre de tous le détachement que procure le grand âge, quand il n'est pas bascule dans un marais de confusion ? ou à l'inverse, faut-il conserver l'énergie de la jeunesse ?

Ainsi voici comment le jury – groupe de personnes raisonnables que le hasard d'un tirage au sort réunit – doit être dirigé : « L'homme raisonnable est une personne qui a la capacité de se contrôler qu'on peut attendre d'une personne ordinaire de l'âge et du sexe de l'accusé (on retrouve la rhétorique de Jones), qui a aussi les caractéristiques de l'accusé en ce qu'elles peuvent affecter sa réaction à la provocation[47]. » L'homme raisonnable s'explique par l'homme ordinaire, et vice versa, seul le rapprochement de mots, leur contagion, permettent de dessiner la silhouette de l'homme ordinaire, d'établir les critères qui doivent aider à la décision.

Confrontés à la question du crime commis par un mineur, les juges doivent-ils imaginer l'homme ordinaire ? Est-ce alors le bon critère pour aider à la prise de décision ? La question pourrait aussi être réglée d'une manière plus romaine, par la recherche d'une appréciation objective, le pendant, si l'on veut, de l'homme raisonnable ou ordinaire. Cependant, comme le critère est l'homme raisonnable, se posent alors toutes sortes de questions sur son âge, son sexe, son caractère, en sorte que l'utilisation de la fiction donne lieu à des discussions inconnues de l'autre côté de la mer. Arguties, diront les méprisants, qui n'ont que cette arme devant les constructions mentales qu'ils ne comprennent pas. Ou admirables précisions dans la réflexion, échafaudage intellectuel qu'on élève comme un rempart contre l'injustice.

En 1954 Lord Simon écrivait[48] : « Le concept de l'homme raisonnable est probablement le plus grand concept que la common law ait donné aux systèmes juridiques. Il présente l'avantage d'être une référence universellement applicable. Dans le cas présent, où deux questions doivent être conciliées, le respect du caractère sacré de la vie humaine, et les conséquences de la provocation sur le sang-froid d'une personne, ces deux points doivent être équilibrés par le test (de l'homme raisonnable) et rien ne justifie que ce test soit assoupli ou réduit. L'équilibre ne peut être atteint que par référence à l'homme raisonnable. Si l'on abaisse l'âge de la responsabilité pénale, alors, le critère de l'homme raisonnable doit être le même pour tout le monde : il ne doit pas avoir d'âge et son caractère ne doit pas varier. »

Les arguments en faveur du maintien d'une objectivité absolue sont nombreux. Certains soulignent, que les jurés masculins doivent imaginer ce qu'est une femme raisonnable et vice versa etc. : ne pas être du même âge que l'accusé ne doit pas entrer dans le raisonnement et c'est précisément l'utilité du test de l'homme raisonnable. Pourtant plusieurs années plus tard, et à la suite d'une réforme législative, les Lords écartent l'arrêt, et autorise le jury à prendre en compte certaines circonstances particulières, comme par exemple l'âge[49]. En matière criminelle, les hommes ne sont pas tous raisonnables de la même façon. On ne peut cependant écarter l'homme raisonnable si légèrement. En effet, où doit s'arrêter la prise en compte des caractéristiques propres de l'accusé ? Il est jeune ? Soit. Il est alcoolique ? elle est enceinte ? Il souffre de nanisme ? Il sniffe régulièrement de la colle ? L'article de la loi[50] recommandait de laisser les membres du jury apprécier, et donc mesurer l'effet de la provocation sur « homme raisonnable ». Il a été aujourd'hui supprimé.

En multipliant les caractères qui peuvent être pris en compte pour rapprocher l'homme raisonnable de l'accusé, c'est l'idée même de responsabilité, morale et juridique qu'on affaiblit, ou la justice dont on abolit l'absolu, nécessaire bien qu'impossible.

L'HOMME MOYEN ET L'HOMME PROBABLE

Un ingénieur viennois, au caractère secret, dans sa belle langue que le Mal bientôt profanerait, a mené la réflexion sur l'archétype et la personnalité jusqu'aux sommets de la littérature. Musil décrit comment chacun se forge à partir du modèle qui lui est présenté ou dont il s'imprègne, à son corps (et esprit) défendant, pour ensuite lui-même participer à la fabrication du modèle imaginaire et ainsi à l'infini. « (...) l'habitant d'un pays a toujours au moins neuf caractères : un caractère professionnel, un caractère de classe, un caractère sexuel, un caractère géographique, un caractère conscient, un inconscient, et peut-être même encore un caractère privé ; il les réunit dans sa personne mais s'en trouve dissocié, et n'est plus finalement qu'un petit vallon creusé par cette multitude de cours d'eau, vallon dans lequel ils viennent s'écouler pour en ressortir ensuite et remplir d'autres vallons avec d'autres ruisselets[51] »

Peu d'êtres ont la force de s'arracher au réel immédiat, et ceux qui y parviennent ne disposent que d'une faible part de leur personnalité : le dixième caractère, « l'imagination passive », qui donne la liberté. L'homme du réel se contente de constater ce qui est, sans penser que cela pourrait être autrement. L'homme du possible en revanche vient « dans une trame plus fine, trame de fumée, d'imaginations, de rêveries et de subjonctifs (...) » un peu plus loin, Musil poursuit : « le possible ne comprend pas seulement les rêves des neurasthéniques, mais aussi les desseins encore en sommeil de Dieu »

Ulrich, dans l'empire qui meurt, a des amours, une maison, un père, mais L'homme sans qualité s'inscrit dans le gris des caractères préétablis, qui l'enferment. « Le problème fondamental de l'essence du probable semble de plus en plus vouloir se substituer au problème de l'essence de la vérité, bien qu'il n'ait été d'abord qu'un outil pour résoudre des problèmes déterminés. On aurait pu dire aussi bien que, peu à peu, "l'homme probable" et la "vie probable" prenait la place de "l'homme vrai" et de la "vie vraie" qui n'avait été qu'imagination et duperie[52] ».

RENCONTRES

Parfois, les juges modernes sont victimes de la contagion entre responsabilité et contrat, qu'ils ont eux-mêmes créée (à moins qu'ils ne rendent alors justice aux origines communes observées par Jones : contrat et responsabilité, les deux jumeaux, tous deux nourris au lait romain). Au lieu d'appeler un observateur intelligent, qui assisterait tranquillement à la négociation, ils convoquent l'homme d'affaire honnête et raisonnable. S'agissant d'un contrat mettant en scène deux personnes, la question est de savoir laquelle des deux endosse l'emploi désiré, et de quel côté se situe la raison. La pensée tourne sur elle-même. Quelles sont les attentes raisonnables (je comprends légitimes) d'un homme d'affaires honnête[53] ? les mots glissent, se mélangent, passent de part et d'autre de la phrase. Où est le raisonnable ? qui parle ? ou qui observe ? On se perd, car les archétypes ont été mélangés, si bien que le juge trahit l'esprit anglais, en s'aventurant dans un raisonnement plus latin, une recherche d'objectivité. On a plutôt quitté l'incarnation et le théâtre, pour réfléchir de manière absolue, comme le montre l'affirmation de Lord Steyn, qui écrit, dans une formulation détachée de toute circonstance : « il est irréaliste d'imaginer que les parties n'ont pas voulu s'engager contractuellement[54] ». Cependant, quelques lignes plus loin, ou dans une autre décision, on s'interrogera à nouveau sur la psychologie d'un homme d'affaire imaginaire, raisonnable et honnête.

IMAGINATION ET DROIT (OU L'INVERSE)

Les portraits photographiques montrent l'écrivain écossais avec les yeux fatigués des bons auteurs, la moustache aussi. Son enfance a été marquée par un drame : un de ses frères est mort en patinant sur un lac gelé. La famille, la mère surtout, ne sortit jamais tout à fait du deuil et lui, hasard, hasard, restera anormalement petit.

Encore étudiant, il écrit sa première pièce, *Bandolero le bandit*. Ses textes ne plaisent guère aux autorités universitaires. Le succès n'est pas là tout de suite, il imprime parfois à compte d'auteur. Qu'importe : il persévère. Il est l'auteur de feuilletons publiés dans la presse écossaise, enfin, il écrit des pièces de théâtre. Pas très sûr de lui, il épouse cependant une comédienne : le mariage n'a, dit-on, jamais été consommé, et se terminera par un divorce.

James Barrie est l'auteur de « Ma chère Nicotine, une étude enfumée ». Sans doute un des livres les plus misogynes jamais écrits. Le premier chapitre est une comparaison entre le mariage et le tabac. Le narrateur joue avec les clichés, et livre d'intimes pensées et souffrances sur un ton léger et rapide. Enfin, le succès est venu, et les amis se sont pressés davantage. Avec eux, l'auteur asexué forme une équipe de cricket : Conan Doyle, A. A. Milne, Jérôme K. Jérôme, George Llewelyn Davies en font partie. Pas très au point sur la traduction de « Allah Akbar » dont il pense que le sens est « que le ciel nous aide », il l'appelle les *Allahakbarries*.

Il est l'ami de la famille Llewlyn Davies. Le père, avocat, est mort prématurément. L'intimité avec la mère, Sylvia, est douce et profonde. Joueur, imaginatif, Barrie est adoré des enfants, dont il deviendra plus tard le tuteur, et qu'il tire de leur chagrin en inventant des histoires et des pièces de théâtre qu'on joue en famille. Pour eux, il écrit *Le Petit oiseau blanc* qui se passe dans Kensington Gardens, où apparaît un petit garçon dont le nom même est un passage entre réalité et mythe : Peter Pan. Dans les jours qui suivent Noël 1904, période où traditionnellement on assiste à des pantomimes, où l'on crie de peur, de joie, d'excitation, où les princes triomphent des sorcières, et rencontrent les belles princesses, la pièce *Peter Pan* est donnée pour la première fois. Barrie a quarante-quatre ans, il a gardé une silhouette de garçonnet. Il est inquiet bien sûr, mais il anime les personnages qu'il fait vivre depuis maintenant plusieurs années pour les fils de son amie Sylvia. La production n'est que le prolongement des après-midis de jeux, et des promenades dans Kensington Gardens. Et puis l'argent... le producteur, Charles Frohman, qui a suivi le dramaturge dans son projet, en revanche, n'est pas tranquille. Noël est passé, les autres théâtres ont déjà pris tout le public ! Et quel public vise-t-on ? des enfants ? des adultes ? Dans les cintres, la machinerie est lourde, les comédiens doivent voler vers le pays imaginaire, suspendus par des filins. Peter Pan, le garçon qui ne voulait pas grandir, le héros de Kensington, mène le mouvement. Victoire ! Les enfants sont figés d'émerveillement, les adultes troublés et enchantés, les critiques enthousiastes. Quelques années plus tard, Barrie tirera un roman de sa pièce. Aujourd'hui, des adeptes vivent dans la dévotion de l'œuvre majeure, devenue mythique.

Les revenus sont considérables. En 1929, Barrie verse les droits de *Peter Pan* à l'hôpital pour enfants malades de Great Ormond Street, à Londres. Il demande aux comédiens de donner une représentation pour les petits malades, une idée originale pour l'époque. En 1937, l'ouverture de son testament confirme sa volonté. La protection des œuvres de l'esprit s'éteint cinquante ans après la mort de l'auteur (soixante-dix ans aujourd'hui par la grâce du droit européen). En 1987, alerté par son épouse, le Premier ministre Callaghan fait figurer dans la loi sur la propriété intellectuelle, alors en discussion au Parlement, une disposition spéciale qui prolonge indéfiniment la protection de *Peter Pan* en faveur de l'Hôpital pour enfants. Des personnages sont nés dans les décisions de justice, avant de rejoindre un pays imaginaire. Peter Pan a effectué le chemin inverse, et figure maintenant au cœur de la loi sur la propriété intellectuelle[55], qui contient un article ainsi rédigé :

« Dispositions en faveur de l'Hôpital des enfants malades
Les dispositions figurant à l'annexe 6 ont pour effet d'attribuer aux responsables de la fondation[56] de l'Hôpital des enfants malades, Great Ormond Street, à Londres, le droit de percevoir des revenus pour toute représentation, publication commerciale, diffusion, ou insertion dans un programme de diffusion câblée de la pièce *Peter Pan* de Sir James Matthew Barrie, ou de toute adaptation de cette œuvre, nonobstant le fait que le copyright sur cette œuvre ait expiré le 31 décembre 1987. »

L'annexe 6 prend soin de préciser que « l'œuvre » signifie *Peter Pan* et que la fondation perçoit des droits « pour toute utilisation complète ou d'une part substantielle de la pièce ou d'une adaptation. » La protection européenne, qui s'étend jusqu'à soixante-dix ans après la mort de l'auteur, est aujourd'hui définitivement éteinte, l'exception ne concerne donc que le territoire du Royaume-Uni.

Certains observent qu'il ne s'agit plus véritablement de royalties, mais plutôt d'un prélèvement – ou d'une taxe. Quelque chose de *sui generis*, dit le juriste, quand il échoue à catégoriser, ou ne veut pas reconnaître que le droit s'est incliné devant la pratique.

PAYS GIBOYEUX

John, Richard, William, sont sans doute les noms les plus donnés dans l'Angleterre des Tudor et des Stuart – et peut-être encore aujourd'hui. Doe et Roe, désigne une biche et un chevreuil. Le vocabulaire de la chasse, de la nature, de la forêt. Je m'étonne du caractère féminin de « doe », mais c'est l'atmosphère ombreuse et la chasse qui dominent. John Den et Richard Fen, évoqués par Blackstone, nous dirigent vers les plaines et les marais. La nature toujours…

SUR SCÈNE

L'emploi au théâtre... La jeune première, l'amoureux, le vieux barbon... être enfermé dans son emploi, et ensuite, avoir la gueule de l'emploi.

DISCOURS

Prononcé par John Doe, retransmis en direct sur une radio nationale.

« Je proteste contre l'état du monde.

Mesdames et messieurs, je suis celui que vous connaissez sous le nom de John Doe. J'ai pris ce nom car il semble l'homme ordinaire et c'est moi. (*La voix se brise dans l'aigu*) Et c'est moi.

Enfin, c'était moi, avant que je dise que j'allais sauter du toit de la mairie, à minuit, le soir de Noël. Je suppose que maintenant, je ne suis plus ordinaire. Maintenant, des tas de gens font attention à moi, des gens importants, aussi, le maire, le gouverneur, par exemple. Ils n'aiment pas ces articles que j'écris.

(...) Eh bien les gens comme le gouverneur... comme le gouverneur... et ce type, ils peuvent ... ils peuvent arrêter de s'inquiéter. Je ne vais pas parler d'eux. Je vais parler de nous, les types ordinaires, les John Doe.

Si quelqu'un vous demandait à quoi ressemble le John Doe ordinaire, vous ne seriez pas capables de répondre, car il est un million de choses. Il est grand et petit, il est simple, avisé. Il est intrinsèquement honnête, il a une pointe de filouterie au fond du cœur. Il s'approche rarement d'un téléphone public sans glisser un doigt dans la fente, pour voir si quelqu'un y a laissé une pièce.

Il est l'homme pour qui on écrit les publicités. Il est le gars à qui on vend des choses. Il est Monsieur Loyal, le plus grand laquais du monde et la plus grande puissance du monde.

Oui, monsieur, oui monsieur, nous sommes une grande famille, nous les John Doe. Nous sommes les doux qui, dit-on, doivent recevoir la terre en héritage. Vous nous trouverez partout. Nous faisons lever les récoltes, nous descendons dans les mines, nous faisons tourner les usines, nous tenons les livres de comptes, pilotons les avions, conduisons les bus. Et quand un flic crie : “Vous ! plus un geste !”, c’est à nous qu’il parle, les John Doe.

Nous existons depuis le début des temps. Nous avons construit les pyramides. Nous avons vu le Christ crucifié, nous ramions dans les galères des empereurs romains, nous avons fait voguer les navires de Christophe Colomb, nous étions à la retraite de Moscou avec Napoléon, nous avons gelé dans le froid de Valley Forge, avec Washington.

Oui monsieur, nous avons esquivé les coups durs depuis avant même que l’histoire ne se mette en marche. Dans notre combat pour la liberté, on nous a souvent repoussés, mais nous avons toujours rebondi. Parce que le peuple, c’est nous, et que nous sommes robustes.

Ils ont commencé des tas de discours sur les peuples libres comme quoi ils deviendraient mous, ne pourraient pas supporter la liberté. C’est vraiment des balivernes ! Un peuple libre peut remporter toutes les victoires, à la guerre, comme au jeu de puces, si nous tirons tous dans la même direction. Je sais que beaucoup d’entre vous se disent : “Que puis-je faire ? Je ne suis qu’un petit pion, je ne compte pas.” Eh bien, vous vous trompez drôlement ! Les petits pions ont toujours compté, car à la longue, la personnalité d’un pays, c’est la somme de la personnalité de ses petits pions.

Mais on doit tous rentrer sur le terrain et jouer. On ne peut pas gagner le match si on ne joue pas en équipe. Et c’est là que chaque John Doe intervient. C’est à lui d’aller rejoindre ses coéquipiers. Et ton coéquipier, ami, c’est le type d’à côté. Ton prochain, c’est un type super important, le type d’à côté. Tu vas avoir besoin de lui, et il va avoir besoin de toi, alors. S’il est malade, rend lui visite, s’il a faim, donne-lui à manger, s’il n’a pas de travail, trouves-en un pour lui.

Pour la plupart d’entre vous, votre voisin est un étranger, un type avec un chien qui aboie et une haute barrière qui l’entoure. Mais vous ne pouvez pas être un étranger pour les types qui jouent dans la même équipe que vous. Alors faites tomber la barrière qui vous sépare. Faites tomber la barrière et vous ferez tomber beaucoup de haines et de préjugés. Faites tomber toutes les barrières du pays et alors, vous aurez un vrai travail d’équipe.

Je sais que beaucoup d'entre vous se disent : "Il croit au miracle, il s'attend à ce que les gens changent tout d'un coup." Eh bien, vous avez tort, ce n'est pas un miracle. Ce n'est pas un miracle, car j'assiste à cela une fois par an. Et vous aussi… au moment de Noël. Il y a quelque chose de vraiment extra dans de l'esprit de Noël, quand on voit ce que cela fait aux gens, à toutes sortes de gens.

Alors pourquoi est-ce que cet esprit, le même chaleureux esprit de Noël ne pourrait pas durer tout au long l'année ? Bon sang, si c'était les cas, si tous les John Doe sans exception faisaient durer cet esprit 365 jours par an, on produirait une telle puissance, une telle vague de bonne volonté, qu'aucune force humaine ne pourrait s'y opposer. Oui monsieur, mes amis, les doux ne pourront recevoir la terre en héritage que lorsque les John Doe commenceront à aimer leur prochain.

Vous feriez bien de commencer tout de suite. Avant que le jeu ne soit interrompu à cause de la nuit.

Réveille-toi, John Doe. Tu es l'espoir du monde. »

(Film *Meet John Doe – L'Homme de la rue* – de Franck Capra)

ARMÉE

L'armée américaine a envoyé sept mille lettres à des familles ayant perdu un proche en Irak ou en Afghanistan. Les missives, qui contenaient des informations sur de possibles aides destinées aux familles, évoquaient la mort de John Doe. L'armée a lâchement accusé le sous-traitant chargé des envois. Cependant, elle s'est aussi excusée publiquement, et le chef d'état-major a adressé des lettres personnelles à chacune des familles concernées (Sept mille ?)

(Pierre, Paul et Jacques s'appellent, en anglais, Tom, Dick et Harry. – Tom, Dick et Francis pour Shakespeare[57] –)

PSEUDONYME

Calvin, un écossais, hérite de terres en Angleterre. Est-il envisageable qu'un homme né au-delà du mur d'Hadrien, possède des terres en deçà ? La question se pose pour des *postnati*, les citoyens nés après l'accession au trône de James 1er, et le rapprochement de l'Angleterre et de l'Écosse. C'est possible décident les juges, en 1608, parmi lesquels Edward Coke. L'important n'est pas le lieu de naissance, mais la fidélité au Roi. Or Calvin, un nom très anglais, se nommait en réalité Colville. On inclina plus facilement vers l'application du droit anglais à un demandeur écossais ainsi masqué.

Si d'aventure, l'Écosse se séparait de l'Angleterre, se poseraient alors des cas semblables d'*antenati* et *postnati*, à rebours en quelque sorte[58].

MASQUES

Hormis les feuillets retrouvés après la mort, et dont on ne peut jamais savoir s'ils étaient destinés à la publication, ou s'ils étaient achevés, il y a le cas, très à part, de la petite Anne d'Amsterdam, et les pages censurées par son père, qui font le tour du monde. Quel trouble… Les journaux vraiment intimes, la voix intérieure qui prétend s'échapper sur le papier, ne sont-ils pas trahison dès la moindre mise en forme ? Adresser un manuscrit est un acte de dévoilement, pour quelle raison ensuite, se dissimuler ? Pourtant, j'aime les histoires de double-jeu et de masques, qui nous entraînent dans les plis de l'âme, et ses secrets. Nouveau nom, nouveaux lieux, nouveaux textes, comme si une autre existence commençait, voilà l'espoir.

J'ai été très surprise qu'on me demande, à plusieurs reprises, si je publiais sous mon nom, ou encore comment j'osais, comme si la littérature devait être habillée de masques. (Pour cacher une honte ?). Le livre me paraît une protection suffisante. Il y eut autrefois de beaux et glorieux pseudonymes, qui alimentent les légendes : Molière, Shakespeare, ou des mystifications (deux œuvres sous deux noms différents, et un neveu obligeant pour incarner le plus jeune).

Combien de discussions sur ce point avec les utilisateurs de pseudonymes ! Les grands ne faisaient qu'un avec le nom choisi, leur première action littéraire ; mais le temps n'est plus aux splendides orgueils. Qu'y a-t-il de vrai ? à moi, vous pouvez le dire ! Tout est vrai, puisque que c'est dans un livre. L'histoire de Louise Labé est la plus merveilleuse par sa longévité, son imagination et sa production littéraire, s'il est vrai que Louise Labé est une mystification, l'œuvre collective d'un groupe de poètes lyonnais, un groupe d'hommes imaginant les souffrances d'amour d'une femme :

O beaus yeus bruns, ô regars destournez,
O chaus soupirs, ô larmes espandues,

O noires nuits vainement atendues,
O jours luisans vainement retournez :

O tristes pleins, ô désirs obstinez,
O tems perdu, ô peines despendues,
O mile morts en mile rets tendues,
O pires maus contre moi destinez.

RÉSONANCE 3

Dans la cour qui tient lieu de jardin, nous sommes un petit groupe, amollis dans des chiliennes, le tissu bayadère craque sous nos corps entravés par la chaleur. Des tentatives de conversations, de lectures se succèdent et échouent. Il m'arrive encore de me sentir absente, engloutie, aspirée. Quels efforts pour dissimuler ! Eux aussi me cachent peut-être avec soin, le noir de leurs âmes. On feint d'ignorer que rien ne console, ni personne, jamais.

« Le sirop d'orgeat est exquis.

– Ah, non, on n'a envie que de citron et de menthe. Soyons orientaux, puisque la chaleur nous accable, enveloppons-nous du bleu sombre des nomades, gardons l'ombre dans la maison… un soin qui risque de disparaître avec la modernité et les vrombissantes climatisations… »

J'ai tant perdu ! jusqu'à l'orgueil d'aimer. Avoir aimé n'est rien qu'un songe, un sentiment qui m'échappe, comme un tissu trop fluide qui file entre les doigts, et ne se laisse pas diriger sous les coups saccadés de l'aiguille. Je regrette l'ignorance d'autrefois : ignorance des douceurs, des souffrances, des attentes, mais le chagrin lui-même, seul fil qui me liait à l'aimé, si obsédant naguère, de plus en plus souvent, me déserte et m'abandonne, lui aussi.

Une amie de longue, longue date, est en visite pour deux jours. « Cela faisait trop longtemps que je n'étais pas allée au Louvre. » Son visage s'est creusé de rides. Bientôt, on croira volontiers qu'elle a connu la Reine, comme naguère les carpes de Vaux. Elle en a le regard d'ailleurs, et l'appétit vorace. Ma méchanceté me rassure : signe de vitalité.

PRÉCÉDENTS

Au XIXe siècle, le transcendantaliste américain Emerson publie « Le Caractère anglais »

Le texte est brillant, intelligent. L'Américain observe les manières anglaises, le ton de voix étouffé, ne pas se faire remarquer, ne pas regarder les autres sans y être invité, le rapport qu'ils entretiennent avec le passé, et le système juridique est au cœur de son observation : « Ils conservent leurs anciennes coutumes, costumes et cérémonies, leur perruque et leur masse, leur sceptre et leur couronne. Le moyen-âge plane toujours dans les rues de Londres. Tout Anglais est un chancelier potentiel ; instinctivement, il recherche un précédent et la phrase préférée de leur système juridique est “une coutume qui de mémoire d'homme, n'a jamais été écartée”. ~Les aristocrates disent “*Nolumus mutari*”, et les gens du peuple coupent court à la curiosité des étrangers sur les raisons de certaines habitudes par : “Seigneur, monsieur, cela a toujours été ainsi.”[59] »

EXEMPLI GRATIA

Un très court et très ancien (Moyen-âge, par là) :

« A. a un bail à terme pour le compte de B. B. est accusé de trahison. Le bail revient au Roi[60] »

COUP DE FROID

Louisa Carlill est une lectrice régulière de la « Pall Mall Gazette ». Un jour son attention est attirée par une publicité, une réclame : un pharmacien affirme avoir mis au point le remède infaillible contre la grippe. Il s'agit d'un genre de fumigation à l'alcool phénique, ce qui ne manque pas d'attirer des rimes élégantes. Le pharmacien, inventeur et fabricant de la chose, assure que, si l'on suit soigneusement le traitement, on est effectivement protégé de la grippe. Et pour preuve de sa foi en l'efficacité du dispositif, il promet un dédommagement de 100 livres à toute personne qui, ayant suivi ses prescriptions, contracterait néanmoins la maladie.

Mrs Carlill, se porte acquéreur desdites *carbolic smoke balls* et, malgré leur utilisation, tombe malade. Louisa réclame donc le dédommagement au pharmacien. Pas question, répond celui-ci, il n'y avait là rien de contractuel, c'était un argument publicitaire, un boniment qui n'engageait pas. Pas contente, Mrs Carlill, ou très désœuvrée, ou très paranoïaque. Et toc, une action en justice. Le pharmacien perdra, car, diront les juges, son intention contractuelle est démontrée par le fait qu'il a déposé 1000 livres à la banque en vue du paiement des possibles dédommagements[61].

(Décision aussi célèbre que celle de l'escargot dans la bière de gingembre)

ÉTYMOLOGIE

La gloire suprême pour l'écrivain : inventer un archétype, qui passe dans le langage, que l'étymologie se perde, et que des savants échafaudent des théories pour tenter de la retrouver. Ou mieux encore : devenir soi-même un nom commun, non pour son invention, comme Poubelle ou Cardigan, mais pour ce qu'on a été.

Ainsi, Gaius Maecenas vivait auprès de l'empereur Auguste au premier siècle avant notre ère, et entre eux, la belle Terentia, femme de Mécène. Fortuné, éduqué en Grèce, il soutint les arts et les poètes, notamment Virgile et Horace, avec qui il entretint une amitié. Mécène demandait au poète de louer l'empereur. Le cœur du mécénat gît là : favoriser l'éclosion d'une œuvre tout en faisant l'éloge du pouvoir. On réserve au sport le mot, latin aussi, de sponsor, qui a transité par la langue anglaise.

Le mécénat garde trace de ses origines romaines : il s'agit d'aider et de soutenir, et le mécène peut se mirer dans l'œuvre réussie et applaudie, comme l'artiste bénéficier de la notoriété du bienfaiteur. Le jeu est subtil, dans un équilibre où chacun doit se jauger. « L'homme sage et bon donne à qui est digne de recevoir », écrit Horace dans une épitre à son ami.

Rastignac, Oblomov et Bartleby…

LOIN DES COURS
(LE SNOB)

Le mot est venu d'outre-manche. Les hypothèses les plus folles courent sur son origine, comme sur celle d'un mot frère « *posh* » (distingué ...) qui, comme lui, serait un acronyme compliqué. La langue anglaise, avec son argot rimé, aime s'égarer dans des jeux sinueux. Ainsi, le snob serait un élève *sine nobilitate* des *public schools*, célèbres et élitistes écoles privées, cela ne s'invente pas, par opposition aux *fil. nob.*, fils de la noblesse, ainsi inscrits dans les registres : pas de quartiers ! Les échanges ont bien lieu entre l'Angleterre et la France : la grande île nous envoie le dandy Brummell, et plus tard le mot snob, par un chemin mystérieux. Balzac, dans son « Traité de la vie élégante », recueil d'articles initialement parus dans l'hebdomadaire « La Mode », au cours de l'automne 1830, écrit : « (...) nous n'achèverons pas sans faire observer aux néophytes de la *fashion* que le bon goût ne résulte pas encore tant de la connaissance de ces règles que de leur application. » Balzac semble employer le mot « dandy » comme s'emploie aujourd'hui le mot snob. « Le Dandysme est une affectation de la mode », « L'homme qui ne voit que la mode dans la mode est un sot. » Le mot « snob » était encore dans les limbes. Le « *snab* », savetier ou cordonnier est attesté à la fin du XVIIIe siècle. Le snob serait à l'origine un individu que l'aristocratie regarde de haut. Cependant, le changement de voyelle n'est pas expliqué (Cf *Le Trésor de la langue française*). L'hypothèse la plus vraisemblable mentionne un argot universitaire forgé par un groupe d'étudiants de Cambridge, sans doute à partir du verbe « *to snub* », à la prononciation voisine et qui signifie « toiser ». Le snob toise celui qui ne se conforme pas aux règles qu'il vient de découvrir, et qu'il prétend faire siennes. Le mot « snob » vient peut-être également d'un rapprochement entre ce verbe et le mot « *nob* », qui désigne un membre de la gentry, mot attesté dès le XVIIe siècle, mais d'origine inconnue (*Oxford Dictionary*). William Makepeace Thackeray, aux multiples pseudonymes, auteur de *Barry*

*Lyndo*n et de *Vanity Fair*, n'était pas loin lorsque le mot est apparu, et il l'a popularisé. *The Snob Papers, by One of Themselves* paraît à compter de 1846 dans une revue d'étudiants de Cambridge. Le recueil publié en 1848, et finalement intitulé *The Book of Snobs by One of Themselve*s, est rapidement traduit en français[62]. Mr Snob est le personnage étudié, et la catégorie qu'il représente. L'auteur prétend être l'un d'entre eux. Le snob, y découvre-t-on, donne de l'importance aux choses qui n'en ont pas, on se moque de lui, mais, suggère l'auteur, nous sommes tous à un titre ou un autre, des snobs.

Aujourd'hui le snob de Thackeray s'est émancipé, comme la Nana de Zola, et le paparazzi de Fellini. La légende étymologique est éclairante, puisque le snob est bien celui qui voudrait être, voudrait « en » être mais n'y parvient pas tout à fait. Il est le bourgeois, l'artisan si l'on se réfère à l'origine « snab », à qui de bonnes affaires permettent de côtoyer l'aristocratie, et qui, comme Mr Jourdain, le premier d'entre eux, voudrait bien savoir, à la fin, si les fleurs vont en haut ou en bas. Le snob s'informe, il veut être là où il faut être, porter les cravates qu'on lui a signalées comme étant les plus chics. Il suit les courants, mais ne les insuffle pas. Il trouve parfois là sa grandeur et son utilité, en soutenant les arts et confirmant les modes. Il veut une coterie, puisqu'il y eut des salons. Il a souvent un modèle, qu'il copie servilement, et ce faisant, manque son effet. Il est accro aux nouvelles technologies et aux spas, ou au développement durable et aux meubles en carton recyclé. Il veut qu'on le remarque et, surtout, qu'on l'admette dans le club, celui du *Mayflower* ou un autre, plus sélectif encore.

À l'élégant l'aisance, au dandy la création et l'imagination, au snob l'imitation.

CARROUSEL

La fraude carrousel est un système criminel ingénieux qui s'appuie sur la structure même de la taxe sur la valeur ajoutée : un impôt collecté par les entreprises pour le compte de l'État. Le système consiste à acheter des biens dans un pays de l'Union européenne (une version internationale existe), et à les revendre dans un autre pays dans lequel on collecte la taxe. Et hop, on disparaît en gardant l'impôt collecté. Une version plus sophistiquée met en présence plusieurs sociétés qui se vendent les mêmes biens, et récupèrent ainsi et l'impôt et les biens. L'affaire peut tourner, en carrousel, avec le même stock de biens qui franchissent les frontières communautaires à un rythme soutenu, jusqu'à découverte de la fraude. Plus l'objet est petit et circule facilement –bijoux, téléphones portables… – plus la fraude est facile. Plus la TVA est élevée, plus la fraude est lucrative.

En France, c'est l'expression « fraude carrousel » qui s'est ancrée dans le vocabulaire. En Angleterre, on imagine l'escroc, on en fait une catégorie, une figure, et on désigne la fraude par l'expression « le commerçant disparu », Missing Trader Intra Community ou M.T.I.C. L'abréviation est le signe de la popularité.

L'ACHETEUR DE BONNE FOI

On imagine aisément s'interroger sur la bonne ou mauvaise foi du vendeur. Le bonimenteur qui vous assure utiliser l'éplucheur magique depuis quinze ans est-il de bonne foi ? Et que dire des promesses de solidité, de facilité d'utilisation, des classements par un organisme dont vous ignorez l'existence, qui est nécessairement international ? L'objet est encombrant ? Vous serez livré aujourd'hui même ! Le droit anglais connaît l'acheteur de bonne foi, non averti, qui se porte acquéreur pour une somme d'argent[63], voilà son nom complet, que la langue française contraint de déplier.

Il est un peu bonasse, celui-là : il se promène sur un marché, il choisit des chandeliers, paye le prix, et le vendeur ne lui dit pas que les chandeliers ont été volés, voilà l'affaire. Il aurait pu s'en douter, vu la mine du vendeur et le prix étrangement intéressant. Ne soyons pas injustes, car il y a une autre hypothèse, ne mettant nullement en cause l'intelligence de l'acheteur : le vendeur vend à deux personnes successivement. Le second est protégé par sa bonne foi béate. On l'appelle aussi le chouchou de l'*equity*.

Naguère, une exception renforçait sa protection pour les biens acquis sur les marchés. L'activité de recel étant de plus en plus florissante et répandue, l'exception a été supprimée[64].

Les affaires sont de désolantes histoires de confiance et de vente de voitures, de mise en scènes dans lesquelles des escrocs, avec des manœuvres simples, abusent des étudiants en prétendant être des acteurs de cinéma, et avoir joué le rôle de Robin des Bois, ou font croire à deux sœurs célibataires, Hilda and Elsie, qu'ils sont respectables[65]. On leur remet la Renault Dauphine, en échange d'un chèque sans provision. L'escroc revend la voiture et disparaît, le second acheteur, *bona fide purchaser for value without notice*, a bel et bien acquis l'automobile. Les deux sœurs et l'étudiant ont perdu à un jeu dont ils ignoraient les règles, et même qu'il eût commencé.

FEU DE JOIE

Le nom viendrait de l'italien Guido, ou de l'allemand Wido. Guy Fawkes naît dans une famille protestante, mais, influencé par ses maîtres, se convertit au catholicisme et, au tout début du XVIIe siècle, s'engage dans l'armée espagnole aux Pays-Bas. Il devient Guido, et se bat contre Jacques 1er. Opposant au Roi protestant qu'il considère comme illégitime, il projette, avec d'autres, de faire sauter le Parlement, et place des barils emplis de poudre dans une cave située sous la grande salle du bâtiment. L'effet promet d'être spectaculaire. Cependant, Guy a des amis (catholiques) qui sont membres du Parlement : il les prévient, et le complot échoue. Procès, condamnation, écartèlement. Pour fêter cela dignement, le Roi fait allumer des feux de joie dans tout Londres.

Dès le XVIIe siècle, des célébrations d'action de grâce ont été organisées, mais elles furent aussi l'occasion de souligner la fourberie des catholiques : aux États-Unis, où la fête a été exportée, on brûlera parfois des mannequins représentant le Pape. Et pour se cacher, les étudiants, très actifs dans ces manifestations, portent des masques. À Londres, le pouvoir royal hésite, la fête donne lieu à des débordements, qu'il s'agit de contenir : ce n'est que deux siècles après les événements que l'idée vint de célébrer le pouvoir parlementaire, en commémorant la conspiration des poudres. *Remember, remember*... Le 5 novembre, sont organisés partout dans le pays des feux de joie géants, on brûle l'effigie de Guy Fawkes, fagoté de hardes, on se réchauffe de saucisses et de pommes de terre à la cendre, de soupe, on se délecte d'un gâteau trop sucré et collant. Un peu l'équivalent du 14 Juillet, le soleil en moins[66].

Au moment où la fête populaire est instaurée, le mot *Guy* se répand comme nom commun, désignant d'abord quelqu'un vêtu de guenilles, comme l'épouvantail qu'on brûle au feu de joie, puis très vite, il signifie un type, tout un chacun, *a Guy. Call the guy ! Hi, guys.* La gloire absolue.

Aujourd'hui, le snob de Thackeray s'est émancipé, Cependant, le succès de Guy, personnage bien réel, est indépassable.

Au XIXe siècle, Guy est le héros d'un roman de Ainsworth. Des illustrations de Cruikshank le montrent sous des traits que la caricature et le cinéma achèveront de fixer. Le masque à peine humain, entre Guignol et diablotin, les joues rougies, le sourire figé, souligné par une moustache en guidon (une moustache à la Guido), l'air maléfique, et le bouc séparant le menton en deux. L'effet est assez éloigné du portrait connu de Guy Fawkes, très espagnol, vêtu d'un pourpoint rayé et d'un large col de dentelle. Il est devenu, depuis une dizaine d'années, le symbole de toutes les résistances, de toutes les révolutions, à la fois protecteur de l'anonymat, et lien établi avec une lignée de lutte contre les pouvoirs, lutte noble ou stupide comme une simple *tea-party*, à laquelle les réseaux mal nommés sociaux donnent une ampleur imméritée. Le masque a été interdit dans certains émirats arabes. Guy Fawkes est méprisé en Angleterre : n'est-ce pas l'histoire d'un échec ridicule ? Il est l'archétype du conspirateur raté. « Tiens voilà Guy Fawkes », peut-on murmurer dans un couloir lorsqu'on soupçonne intrigues et manigances, mais l'utilisation du masque par les manifestants anonymes, comme la fortune du mot *guy*, divisent le personnage en une innombrable descendance.

CITATION

« Le meilleur argument contre la démocratie est une conversation de cinq minutes avec l'électeur moyen. » (*Famous words from a famous Prime Minister*[67])

RÉSONANCE 4

Qui saura me reconnaître comme étant sienne ? et moi serai-je capable, par un tour de l'esprit, de déceler l'entente et de transformer ce que le hasard aura créé en inéluctable, en absolu, en fatalité douce et apaisante ? comme il m'entourait et comme j'aimais poser mes bras sur les siens ! Les gestes… lisser ses cheveux en arrière, qui dévoilait son visage, bizarrement différent, et me jetait dans le trouble, aussitôt. Comme il s'écartait pour me regarder. Comme il m'écoutait. Sa démarche, aussi.

Aujourd'hui, même le chagrin m'a quittée, les pages tournent, finie l'humeur grise, mais retrouverai-je jamais les émotions violentes et douces qui me saisissaient naguère ?

Quand on s'y attend le moins… alors, je fais mine de ne rien attendre, pour tromper le destin, comme s'il m'observait, démiurge ou divinité, ou ange, comme le Clarence de Capra, prêt à descendre de son nuage pour une mission terrestre. La solitude ne me pèse pas pourtant : le repli sur le travail est salutaire et certaines heures de réflexion, l'air léger au dehors, les pas assourdis des passants, et l'ouvrage qui avance à son rythme lent mais régulier, apportent une paix que la fatigue ne trouble pas. Puis vient le soir, seule et vacante comme une jeune fille, je rêve sans trop m'y abandonner. Ma pensée ne se pose sur aucun objet : peut-on rêver quand on ignore tout ? Quelle voix ? quels gestes deviendront familiers ? quel début ? Rêve sans image, car le temps qui n'est pas encore passé est opaque comme la nuit désertique.

FRENCH CORNER

Le droit romain nommait père de famille l'homme qui détenait la *potestas*, la puissance familiale. Il avait les autres sous sa main, il était sujet de droit, responsable de ce qui se passait dans sa maison. Les autres étaient incapables. Par un détour inexplicable, l'expression « bon père de famille », ou plutôt le *bonus paterfamilias*, avec son génitif ancien, s'est affadie. Il n'est plus l'homme de la *potestas* : il est devenu l'homme qui ne dérange pas (l'homme prudent).

On le rencontre dans le code civil, principalement dans les articles qui abordent l'usage des biens donnés à bail, occupés, gérés. Cependant, le bon père de famille, qu'on imagine assez falot, cache peut être son jeu. Voyez plutôt : « L'usager, et celui qui a un droit d'habitation, doivent jouir en bons pères de famille[68]. »

Pour les baux à caractère rural, les indications deviennent plus précises : non seulement il faut faire entrer en scène des animaux, mais en outre, il faut s'en occuper.

« Si le preneur d'un héritage rural ne le garnit pas des bestiaux et des ustensiles nécessaires à son exploitation, s'il abandonne la culture, s'il ne cultive pas en bon père de famille, s'il emploie la chose louée à un autre usage que celui auquel elle a été destinée, ou, en général, s'il n'exécute pas les clauses du bail, et qu'il en résulte un dommage pour le bailleur, celui-ci peut, suivant les circonstances, faire résilier le bail[69]. » Et encore : « Le preneur doit les soins d'un bon père de famille à la conservation du cheptel[70]. »

La célébrité du personnage est suffisante pour que le législateur l'utilise dans certains textes récents, qui mettent en cause une commune ou une collectivité, abdiquant tout souci de logique, à moins que ce ne soit le signe, justement, du passage au zénith suprême, de la catégorie de personne en droit romain, en passant par la figure imaginaire du code civil, on atteint enfin la figure de style, tant les deux précédentes sont proches et connus, ancrés (encrés) – dans notre imaginaire juridique. Plus la peine de détailler : on s'entend. Ainsi, dans le code de l'urbanisme : « La personne publique qui s'est rendue acquéreur d'une réserve foncière doit en assurer la gestion en bon père de famille[71]. »[72]

LE TÉMOIN INTELLIGENT

Mrs Williams a acheté une jolie petite Morris. Le plus souvent, c'est son fils qui la conduit. Il a un ami, Ladd, qui travaille dans un garage et, régulièrement, il le dépose. Sur le trajet on parle souvent voiture et mécanique, et Ladd lui répète : « Si un jour tu veux la vendre … ». Et en effet un jour, le jeune conducteur a envie de changer, et vend la petite Morris à son camarade. La première trace d'un propriétaire date de 1948, d'ailleurs Ladd trouvait que le modèle semblait dater de cette année-là, et il s'y connaît !

Or, en repérant le numéro sur le châssis, il l'envoie à l'usine Morris, et on lui répond que la voiture ne date pas de 1948, mais de 1939. Ah, mais c'est une autre affaire ! c'est tout différent, qu'est-ce que tu m'as raconté ? Parce qu'une de 1939, cela ne vaut pas ce prix-là ! Ainsi commencent les longues procédures.

Le contentieux arrive devant la Cour d'Appel, Lord Denning préside avec son habituel intérêt pour les faits et les histoires compliquées. « Étrangement », écrit-il, « les modèles n'ont pas du tout changé entre 1939 et 1948 ».

La question va être de déterminer l'intention des parties, éternel mystère. Alors on va chercher le témoin intelligent, celui qui était présent, mais tous l'ignoraient, il écoutait tout, jaugeait les capacités du vendeur, de l'acheteur, triait le boniment d'un côté, la négociation sérieuse de l'autre. Et Lord Denning écrit : « si un témoin intelligent pense raisonnablement qu'il y avait une intention contractuelle, alors, cela suffira. » Mais là, l'erreur était commune, tout le monde était de bonne foi, la fraude – la modification – était antérieure. Alors, le préjudice demeure là où il est tombé. Pas de chance pour l'acheteur[73].

JOHN BULL (1)

John Arbuthnot est né en Écosse, en 1667. Il est fils de pasteur, et porte le nom de son village. Étudiant, il traîne à Oxford, rencontre, dit-on, Isaac Newton, étudie les mathématiques, la médecine. Son premier ouvrage connu portait sur les lois du hasard, et parut sous la signature du Dr Arbuthnot[74]. Il est partisan de l'union de l'Écosse avec l'Angleterre. Intéressé par les probabilités, la médecine et la religion, Arbuthnot, alors proche du pouvoir royal, publie une défense de la divine providence tirée de l'observation de la régularité constante dans le nombre des naissances de chaque sexe.

Au début du XVIIIe siècle, il se rapproche de Swift. L'auteur de *Gulliver* est grand utilisateur de pseudonymes, Arbuthnot parle, donne des idées, des informations, des textes, sans se soucier, raconte-t-on, de recevoir la moindre reconnaissance d'auteur. Tous deux tentent, à travers des écrits, d'influencer l'opinion, et d'aider le gouvernement à sortir de la guerre de succession d'Espagne. Ils créent le club des Scriblerrus, qui compte parmi ses membres le poète Alexander Pope. Son existence sera brève, mais il laisse les mémoires de Martinus Scriblerrus, entièrement rédigés par Arbuthnot : une satire dans laquelle sont dénoncées la pédanterie et l'érudition vaine. Il était le plus dynamique, le plus drôle, le plus fourmillant d'idées, et le plus indifférent à les faire reconnaître comme siennes. Tout le groupe joue par ailleurs avec les pseudonymes, les textes sont toujours les œuvres, d'un certain « gentleman de la ville », et l'amusant traité d'Arbuthnot sur le mensonge en politique est paru à l'origine sous le nom de Swift.

Dans un pamphlet, Arbuthnot représente chaque pays par des archétypes ou des allégories plus ou moins transparentes. Pour personnifier l'Angleterre, il crée John Bull, et le Roi, le Roi ! n'est plus l'astre dansant de Versailles, il est nommé Louis le Baboin (Il faut entendre Louis Bourbon). Très désobligeant, mais quelle liberté avec le vieux roi guerrier !

Il décrit ainsi John Bull : « (...) très enclin à se quereller avec ses meilleurs amis, surtout s'ils prétendaient le gouverner. Si vous le flattiez, vous pouviez le conduire comme un enfant. Le caractère de John dépendait beaucoup de l'air ; son humeur montait et descendait avec le baromètre. John était rapide et connaissait son intérêt, mais aucun homme sur terre n'était plus négligent dans l'examen de ses comptes, ou n'a été davantage roulé par des associés, des apprentis et des serviteurs. Cela venait de ce qu'il était d'agréable commerce, aimant boire, et aussi de sa prodigalité ; car, pour dire la vérité, personne n'avait une maison plus accueillante que John, ni ne dépensait son argent plus généreusement. Par des affaires simples et honnêtes, John avait acquis quelques biens ; et les aurait conservés sans ce malheureux procès[75]. »

L'auteur choisit l'allégorie du procès, pour dissimuler, sous un mince voile littéraire, la critique politique. Le texte constitue certainement une satire, mais en déplaçant la guerre dans les prétoires, en substituant à la négociation des traités, les arguties des avocats, Arbuthnot épingle aussi les milieux judiciaires, à une époque de grande complication procédurale, et de confusion. Qui gagne vraiment dans les procédures incompréhensibles qui se déploient sans cesse dans des directions nouvelles et imprévues ? Dickens utilisera tout cela dans le procès sans fin de Jarndyce et Jarndyce. L'allégorie l'emporte dans le texte d'Arbuthnot, mais le mathématicien a décrit l'Anglais type, et glissé des éléments qui permettront à d'autres d'opérer le passage de l'allégorie théâtrale (de nombreux chapitres sont dialogués) à l'archétype.

ÉGALITÉ

Certains, tellement prévisibles, se sont offusqués que tous ces personnages, et notamment les John Doe, l'homme ordinaire, fussent des hommes. On bâille d'ennui à la lecture de ces revendications prévisibles. Las, il faut plier, et la « personne ordinaire[76] » et asexuée s'impose dans les décisions les plus récentes.

JOHN BULL (2)

En 1783, aux États-Unis, Mme Irving, d'origine écossaise, et récemment immigrée, donne naissance à un fils. Elle le prénomme Washington.

Devenu un homme, Washington Irving semble avoir la légèreté d'un elfe, la rapidité de déplacement qu'offrent les avions, il a eu mille vies, mille cercles d'amis et de relations, une carrière, une œuvre littéraire, mais n'aimait rien tant que passer plusieurs semaines chez son frère, dans le calme d'une maison familiale. Irving était beau : visage régulier, nez droit et regard qui ne se détourne pas. Il portait ses cheveux courts, ramenés en boucles souples autour de sa belle figure. Son amour de jeunesse était mort, et il ne se maria jamais. Il commença sa carrière dans un cabinet d'avocat, mais publia presqu'aussitôt ses premières « Lettres », dans le goût du siècle précédent. Deux ans plus tard, le voici en Europe, en Flandres, en Hollande. En France, il rencontra Mme de Staël, en Espagne, il représenta son pays. Il s'étonnera qu'une certaine Eugénie, qu'il avait croisée alors, devînt impératrice. Mais il est de retour aux États-Unis pour passer l'examen du barreau. Écrivain et juriste, il militera pour un droit international du *copyright*. Sa vie entière n'est que va-et-vient entre le droit et la littérature, la littérature et la politique, l'Amérique et l'Europe. Lors d'un voyage en Allemagne, il croise toute la société littéraire et musicale. Au théâtre, on donnait les pièces de Schiller. Au concert, il entendit les œuvres de Beethoven. Le musicien vivait ses dernières années, et composait sa triomphante neuvième symphonie. Irving apprend l'allemand, son intérêt pour les langues étrangères ne le quittera jamais, il traduit le *Freischütz* de Weber.

Tout l'intéresse, il publie des contes, *La Légende du cavalier sans tête*, il écrit sur Christophe Colomb, sur la conquête de l'ouest, sur Mahomet, il laisse des milliers de pages. Ses séjours en Europe sont à chaque fois longs, et l'Angleterre l'accueille dès 1815 : Liverpool, Londres… Il regarde les

Anglais avec la précision du cousin qui est parti, et dont l'œil s'est aiguisé. Sa compréhension est profonde – et sans pitié. Dès son premier séjour, il travaille sur les textes qu'il publiera sous le titre *Les Croquis de Geoffrey Crayon, gentleman.* Le procédé était, on le sait, très en vogue : un voyageur croisé nous avait confié l'histoire extraordinaire qu'on allait lire, ou bien un cahier de mémoires découvert au fond d'un secrétaire livrait le récit d'événements qui avaient tellement bouleversé le lecteur, qu'il nous le rapportait etc.

Le goût du pseudonyme, du travestissement, de l'anonymat, était partout. Washington Irving emprunte naturellement ce chemin-là lorsqu'il crée, avec son frère et quelques autres, une revue littéraire, comme plus tard Léon Bloy et son « Pal », revue qu'il fonda et à laquelle lui seul contribuait. « Salmigondis[77] », la revue d'Irving, parut pendant environ deux années. Des disputes sur les droits vinrent compliquer les relations et terminèrent l'aventure.

Le texte du premier numéro commence ainsi : « Puisque tout le monde sait, ou devrait savoir, ce qu'est un Salmigondis, nous nous épargnerons la peine d'une explication. En outre nous méprisons la peine comme tout ce qui est bas et mauvais, et tenons celui qui s'y adonnerait sans nécessité pour un objet digne de notre plus haute pitié et de notre mépris. Nous ne nous casserons pas non plus la tête à nous présenter, pour deux raisons : d'abord, parce que ce ne sont les affaires de personne, deuxièmement, parce que si cela l'était, nous ne nous sentons pas tenus de participer aux affaires de quiconque, excepté aux nôtres. Et même pour ces affaires-là, nous prenons la liberté de les négliger quand cela nous chante. À celles-là nous pourrions en ajouter une troisième, qui est que bien peu d'hommes sont capables de rendre compte d'eux-mêmes de manière acceptable. Mais cette raison, nous l'avouons en toute candeur, ne serait pas valable pour nous.

Il y a cependant deux ou trois informations que nous accordons gratis au public, principalement parce que c'est notre bon plaisir et notre convenance de les révéler, et en partie parce que nous ne souhaitons pas qu'il y ait le moindre mauvais esprit entre nous au début de notre relation.

Notre intention est simplement d'instruire la jeunesse, de réformer la vieillesse, de corriger les villes, et de châtier l'époque. C'est une tâche ardue que nous entreprenons donc avec confiance. Nous avons l'intention pour cela de présenter une image frappante de la ville et comme tout le monde a grande envie de voir sa propre figure sur une toile, aussi stupide et moche soit elle, nous ne doutons pas que toute la ville se précipite à notre exposition. Notre présentation comprendra nécessairement un grand nombre de personnages, et si quelque gentleman ou lady a le désagrément de trouver son portrait inexact et peu ressemblant, ils peuvent panser leur spleen en se moquant de ceux de leurs voisins. Ceci est l'idée que nous nous faisons de la "Justice poétique". »

S'inscrivant dans la tradition juridique des demandeurs fictifs (à moins que ce ne soit l'inverse), l'auteur se cache derrière une variété de noms : Launcelot Langstaff, Esq, Anthony Evergreen, William Wizzard, Jeremy Cockloft. On joue aussi avec la langue française : Grossitout, Toujoursdort et le capitaine Tranchemont sont à l'honneur dans un article où il s'agit de défendre le port de Gotham, la ville imaginaire qui ressemble tant à New-York. La revue reçoit des lettres de lecteurs (sont-elles décidément toutes fausses ?) : Mustapha Rub-a-dub, Keli Khan, Capitaine d'un ketch (voilier) adressé à Asem Haccham, principal gardien d'esclaves de Son Altesse le bachaga de Tripoli. De Montesquieu à Irving, le lointain comme un truchement pour exercer son œil acerbe. Cependant Irving ira au-delà, bien au-delà, l'Orient traverse son œuvre, et il publiera quelques quarante années plus tard une histoire de Mahomet et de ses successeurs en deux volumes.

Le jeu de miroir est double, et se font face, reflétés à l'infini, les pseudonymes, les faux auteurs et faux lecteurs, et les personnages, eux aussi imaginaires, comme autant de portraits, rassemblés par un collectionneur intelligent, éclairés d'une lumière joyeuse et qui, le long des cimaises, nous donneraient à voir un temps qui serait le nôtre. Les concerts, les « élégantes », les Français, les Anglais, la vanité, rien n'est épargné, au travers de tous les personnages, tous les auteurs, tous les correspondants, comme autant de masques. La Française, Madame Bouchard rivale de Mrs Toole, qui « régnait jusqu'alors dans la société à la mode, et avait le commandement suprême sur les chapeaux, bonnets, plumes, fleurs et paillettes. Elle avait habillé et déshabillé nos femmes comme bon lui plaisait. » Ou le cousin Pindar, qui arrive un matin à la table du petit déjeuner et prononce la phrase suivante : « Du feu dans chaque œil et un papier dans chaque main. » Voilà un programme qui conviendrait à plusieurs. Le tout est de tenir…

Dans sa réflexion sur le caractère indien, il mène en parallèle l'histoire en train de se dérouler, et celle qu'on écrit. L'auteur, les auteurs, sans méchanceté, mais sans indulgence excessive non plus, sont scrutés. Plusieurs articles traitent de l'Angleterre, Noël, Stratford-on-Avon et Shakespeare, et un autre de l'art d'écrire des livres, l'artisanat écrit-il même.

On pourrait imaginer, commence-t-il, que lorsqu'on personnifie une nation on la représente avec grandeur, mais « les Anglais ont incarné leurs bizarreries nationales dans la figure d'un type corpulent, énergique, avec un tricorne, un gilet rouge, une culotte de cuir, et un bon gourdin de chêne ». John Bull est un personnage excentrique, dont Irving nous révèle qu'il est incroyablement présent dans l'esprit des Anglais. Cependant, le fossé est étroit entre la caricature et la réalité, et comme certaines maladresses nous appellent irrésistiblement, ne tentons-nous pas souvent de satisfaire les attentes de certains en nous conformant aux caricatures ? « Les hommes ont le don d'acquérir les particularités qui leur sont constamment attribuées. Les traits communs des Anglais semblent avoir été magnifiquement saisis avec le *beau idéal* qu'ils ont formé de John Bull (…) » *Beau idéal* : en français dans le texte, car il s'agit bien de cela.

Irving dresse le portrait de John Bull tel qu'il le voit : un gentilhomme de la campagne qui vit dans le manoir familial qui croule, mais du moment que le toit est bon… Il tient son rang comme il peut, se mêle des affaires de ses voisins. Il propose sans cesse ses services pour résoudre les problèmes des autres. « Il joue les princes à l'étranger, mais s'il paie ses dettes rubis sur l'ongle, cela lui est fort pénible. »

La nation et son image évoluent ensemble, comme dans un couple, en somme. On remarque d'ailleurs que John Bull, sous l'influence des dessinateurs de presse, et sans doute, par la suite, par contagion avec l'oncle Sam, a perdu son tricorne qui marquait tant sa date de naissance au profit du haut-de-forme, signe du siècle au cours duquel la presse lui donna corps.

Je ne sais pas comment est apparu le cliché que les Anglais ont de nous, non vraiment, je ne vois pas, car on nous représente avec une marinière rayée : les Anglais n'ont donc pas éprouvé la surprise des Français, lorsqu'au plus haut niveau de l'État etc. Une marinière ? je me demande si nous correspondons tous… Il faudrait aller dans les régions de France éloignées des côtes, pour le vérifier. Le Français type porte aussi un béret basque, il a une baguette de pain sous le bras, des oignons en chapelet autour du cou et, c'est obligé, quelques mouches volètent autour du personnage. Très flatteur, comme on le constate.

ALLÉGORIES

Bien sûr, nous avons Marianne, son buste avantageux, son profil parfait, cheveux s'échappant du bonnet phrygien des affranchis et flottant dans une bourrasque imaginaire. Marianne sur nos timbres, et à l'angle de nos papiers ministériels. Déjà en 1422 le poète Alain Chartier dans *Le Quadrilogue invectif* représentait la France sous les traits d'une femme. La France, épuisée par la guerre de cent ans, la couronne menaçant de tomber, répond aux accusations des trois ordres. Chartier est aussi l'auteur de *La Belle dame sans merci* un long poème dont le succès passa les mers et les siècles, et qui inspira Keats.

Marianne est apparue, dit-on, pendant la période révolutionnaire, sans doute d'une chanson. Quelques années plus tard, de l'autre côté de l'océan, son cousin, l'oncle Sam, naissait d'un jeu de mot sur les lettres U.S. et le nom d'un certain Samuel Wilson. Samuel, dit Uncle Sam, était « Inspecteur de la viande » pour l'armée, chargé de vérifier la conformité des livraisons de bœuf et de porc en boîte pour l'armée. Les initiales U.S. figurait sur les caisses déchargées par les soldats. La version a été officialisée par le congrès en 1961[78]. À nouveau, légende et droit se rencontrent.

Il incarne le pays lui-même. L'homme n'est plus tout jeune, il affiche une autorité quasi martiale, et son haut-de-forme aux couleurs du drapeau en font un personnage hors de la réalité, parfois menaçant comme sur l'affiche célèbre imprimée durant la première guerre, qui le montre, l'œil perçant, pointer vers nous un index accusateur : « Je vous veux pour l'armée américaine ». Le dessin a inspiré des plaisanteries et parodies dans la fine tradition scatologique.

Britannia, quant à elle, martiale, casquée, armée d'un trident et tenant bouclier, n'a pas la mollesse latine de Marianne, pas le genre à se présenter dépoitraillée devant tout le monde, ah non ! ni même sa vigueur conquérante, bras levé entraînant la foule. Britannia est romaine : un lion est couché à ses pieds, derrière elle, des flots. L'Angleterre est une île.

Le jour que les Anglais ont rendu Hong-Kong à la Chine, les troupes ont défilé sur le front de mer, un feu d'artifice a été tiré, la fanfare a joué les hymnes, les drapeaux se sont inclinés, les princes ont parlé, et le dernier gouverneur de Hong-Kong a embarqué sur le Britannia, navire royal, qui s'est écarté de la côte parfumée.

Les côtes disparaissent en effet dans la brume, car allégories et archétypes sont deux choses bien différentes. Cependant tout ce petit monde se tient la main et si la naissance d'Oncle Sam est vraie, alors il constitue l'hybride parfait, à mi-chemin entre l'un et l'autre, le soldat suffisamment populaire auprès de ses camarades pour être affublé d'un surnom dont les initiales correspondent opportunément au nom du pays. Nom de personnes, nom de pays : retour à l'essentiel.

LES BARBARES

John Bull, l'Anglais type a son contraire parfait : Johnny Foreigner, Johnny l'étranger, qui incarne tous les étrangers, mais dont le prénom est si anglais. Le Royaume-Uni, l'Angleterre peut être, dispose donc d'une désignation pour embrasser tous les étrangers. Voilà qui le rapproche des Grecs : on ne fait pas dans le détail, ils ne sont pas comme nous, c'est tout. (La plaisanterie, cent fois répétée, du Comte de Cardigan : « *Never go abroad. It's a terrible place*[79] »)

GOD SAVE

S'agit-il d'une homonymie hasardeuse ? John Bull[80] a existé. On ne sait rien de sa famille, rien de ses parents. Comme pour Shakespeare, son contemporain, le mystère de ses origines est entier. John est éduqué à la Chapelle Royale, puis formé à Oxford et Cambridge, il gravit tous les échelons et devient un musicien en vue, connu pour ses improvisations et ses compositions. La princesse Elizabeth est son élève, il lui dédie un recueil de mélodies pour clavier, *Parthenia*. Plus tard, quand elle sera Reine, il sera à son service.

John mène une vie dissolue. Il se bat, et toutes les filles lui plaisent, c'est ainsi, et ce n'est un mystère pour personne. L'archevêque de Canterburry écrit à son propos : « L'homme a plus de musique que d'honnêteté, et il est aussi célèbre pour dépuceler les filles que pour toucher l'orgue et le virginal ». Ainsi John a remarqué une certaine Elizabeth Walker. Il ne résiste pas à sa peau blanche et lisse, il la presse de baisers, la petite glousse et fait mine de se débattre, tout en l'entraînant à l'abri des regards. John l'étreint et pense l'aimer, elle se laisse dominer par ce bel homme au visage mince, et tremble sous ses caresses. Pas de chance, la belle tombe enceinte. L'archevêque de Canterbury ne peut plus le soutenir, John est renvoyé d'Oxford. Il épouse la fille, mais rien n'y fait, et le Roi impose l'exil. Il faut partir en hâte et nuitamment. La Hollande est là, à quelques *miles*, mais il s'arrête à Anvers. Il y fera sa vie, il y mourra, il y est enterré.

Il rendit visite à Pier-Paul Rubens, dont l'opulente maison, ouverte sur un des plus jolis jardins de la ville, est animée de fêtes et de réceptions. Le peintre est entouré de ses élèves, et dans l'atelier, on n'arrête jamais. À force de s'échapper, aux Pays-Bas et ailleurs, John, a fini par attraper quelques mots de flamand, et avec le latin on se débrouille. Il parle de l'Angleterre, beaucoup d'opportunités là-bas, la cour est riche, et depuis le traité de l'Union avec l'Écosse... Sur la table de Rubens, des harengs, des fruits et de la bière. Les servantes sont accortes, les deux s'entendent, le sanguin Rubens et le nerveux John Bull.

Il devient l'organiste de la cathédrale. Il est aussi connu comme facteur d'instrument : les tuyaux, les jeux, il est habile, sa réputation est grande ; l'Archiduc Albert, gouverneur de la province espagnole des Pays-Bas, passa commande d'un instrument à John Bull, qui aimait alors se faire appeler Jean Bouville. On peine à atteindre un accord financier, l'organiste offre de se porter lui-même acquéreur des matériaux, et se rend en Espagne. Sur la route, il est attaqué par des brigands, qui le pillent. Entretemps, l'Archiduc, qui a patienté de longs mois, s'est lassé et a passé commande à un autre. Les êtres humains peuvent-ils changer ?

Dans son exil précipité et honteux, il perdit des caisses de partitions, si bien que nous ne disposons aujourd'hui que d'une partie de son travail. De lui, nous conservons de belles œuvres pour clavier, à la solennité de pavane (nefs parcourues par des hommes vêtus de noirs, cou tenu par leurs hauts cols, ouvrages compliqués au nom de fruit), des implorations, des prières suppliantes et des danses joyeuses, des cahiers de motets et des canons notés en escargot sur des partitions jaunies. La fuite penaude, et le mythe du trésor perdu nourrissent une belle légende : John Bull serait le compositeur de *God Save the Queen*. Un peu comme si, attristés par la perte, nous voulions enrichir son catalogue du joyau royal. Quelques notes, dit-on, offrent de troublantes similitudes avec l'hymne aujourd'hui établi. Les orchestrations auxquelles nous sommes habitués masquent la mélodie, solennelle comme une marche de Purcell, contemporain de Bull. Cependant les mélodies vont, et passent les arbres et les maisons, on les recueille et les note, et dans le temps des formes figées et des ornements, du tempérament encore hésitant, je penche pour un travail à plusieurs mains, et sur plusieurs années, de transcriptions en répétitions, d'approximations en améliorations, jusqu'à la première édition connue de la version aujourd'hui chantée.

RÉSONANCE 5

Je traîne dans des festivals de musique, de l'un à l'autre, voilà deux années que ma solitude d'été est rompue, (à moins qu'elle ne soit soulignée) par l'effervescence des concerts, les cours publics, les menus services que je rends pour l'organisation, et les amitiés qui se nouent rapidement, sans jamais s'approfondir. Parfois l'émotion musicale est là, une sonate de Schumann, on retient son souffle… Pas toujours cependant : les groupes de musique de chambre se sont rencontrés trois jours auparavant, et l'élan de la jeunesse fait défaut. J'ai choisi la montagne. Aussi loin que remontent mes souvenirs de vacances, c'est la mer et ses froides caresses, le sable qui rend la démarche malaisée, l'air saturé d'iode : il fallait une rupture, que les vacances ne fussent pas des retours. La vie est déjà si routinière, et grise, parfois.

Je me rends à une classe de maître (on s'applique à bannir l'anglais, dès lors que c'est possible). La salle est pleine, le cours dit « d'improvisation » est donné par un compositeur : bluejean et tisheurte, on soigne son allure, pour briser la glace. La carrière est éblouissante, mais il demeure modeste, il entend que cela se sache. J'écarte le premier agacement : laissons le cours se dérouler. Les élèves se succèdent, appelés par le maître. Ils sont brillants, à l'aise. Un pianiste s'avance : un grand garçon, courbé comme une parenthèse, le visage un peu brouillé, et le verbe timide. Il se lance : les notes dégoulinent dans des arpèges romantiques, la main gauche accompagne, la mélodie se déploie et parvient sans encombre au point d'orgue. Le maître n'a rien à dire, mais il tient sa victime. « Très bien, très bien et je vais vous demander un autre univers, plus debussyste, vous voyez. » On s'exécute, souvenir de jardins sous la pluie, harmonies. « Bien, bien… et maintenant quelque chose de plus baroque, classique entre guillemets. » Et puis « résolument plus motorique. » Le jeune homme cherche, se concentre, et à chaque fois réussit. Un maigre conseil sur un changement de mode. La leçon est finie. Pas grand'chose.

Suit une réception. On s'extasie, Très, très intéressant, il est discret mais il fait bien passer son message. Et le pianiste, et l'altiste, ah, ils sont formidables ! Très joli, le petit morceau à la Mozart. Les sandwichs sont détrempés et les gobelets de plastique craquent. Je l'aperçois, élégant et seul. Nous sommes tous deux désemparés. « Vous faites partie du Festival ? » « Plus ou moins… » D'où me vient le sentiment prégnant de ne jamais être à ma place ? « Bien, tous ces jeunes musiciens… » Il est très mélomane. La conversation erre à la surface des choses : nous nous jaugeons. Rassurés au bout d'un quart d'heure, il dit : « Ne convenait-il pas de distinguer l'improvisation du pastiche ? » Il a une belle voix, pleine d'harmoniques, il est sans affectation, et a la figure romaine.

Fin du festival, rangements, dossiers, et retour. Après-midi de promenade sous le ciel bleu vif de Paris. Nous entrons dans son appartement en silence. Que dire maintenant ? J'aperçois le salon, la chaleur des livres et les dossiers multicolores. Il me prend par les épaules, nous voilà dans la chambre. Tout est blanc et sable, le lit est bas, les volets sont baissés, et aucun objet ne traîne. Le lieu est-il habité ? la vie semble ailleurs. Un instant et les étoffes qui nous couvraient sont tombées. Je frisonne dans tout ce vide. Il est beau, je reconnais sur son buste les tracés musculeux de certaines statues italiennes. Il m'explore avec hésitation, comme une contrée dont on aurait perdu la carte. Je ne sais rien de lui, de son passé. Ni lui de moi. Alors je m'abandonne.

Les semaines passent. Nous nous appliquons à faire des choses ensemble. Nous avons des goûts communs. Nous habitons Paris, travaillons tous deux dans le même domaine, aimons la musique, l'art dit contemporain, et les repas au bord de l'eau. Il est un peu plus jeune que moi. Le soir, le blanc de sa chambre m'absorbe, nous voguons, il aime la nudité. Nous nous éveillons toujours un peu gênés, il faut plusieurs minutes avant que la conversation ne reprenne.

Une amie me dit : « C'est formidable, tout à fait l'homme qu'il te fallait, un nouveau tournant ! » L'automne est à peine là, nous décidons de retourner quelques jours à la montagne. Nous entreprenons une randonnée : les vêtements nous engoncent, mais le chemin glisse sous nos pieds à un rythme régulier. Un pas, puis l'autre, l'oxygène manque, en deux heures, nous atteignons notre but. Les derniers mètres sont escarpés, avant le surplomb qui offre la vue, et le repos. Il me donne la main et me tire, un pas encore, notre souffle est court, bruyant, et je pense que jamais, dans nos embrassements, nous n'avons été si bien accordés.

De retour à Paris il cherche des mots qui se dérobent. Tout nous rapproche, tout nous désigne l'un à l'autre, cependant… Je joue la tristesse, mais le soulagement domine.

SCÉNARIO ET DIALOGUES

Quel pansement ce type… on ne le remarque pas, mais il est là, surtout lorsque vous concluez une affaire : les choses sont au point, vous êtes content et vous signez le contrat. Et l'observateur intelligent a tout vu depuis le début, tout épié, tout noté. Il a plusieurs techniques. La première consiste à se promener dans les parages l'air de rien, façon filature policière : on fait mine de s'intéresser au journal, à une affiche ou à l'étal d'un maraîcher. L'autre technique est plus sournoise : le témoin intelligent se dissimule, il est derrière les rideaux, masqué par le vantail de la porte, embusqué. À l'affût, il écoute tout. Le moment venu, il donnera au juge l'information qui fera basculer l'affaire dans un sens ou l'autre. Il n'est pas plus malin qu'un autre, il n'a pas une capacité d'analyse plus développée, mais on s'en remet à lui justement pour cela.

En 1939[81], Lord Mac Kinnon s'est prononcé sur la validité (l'existence) de clauses implicites dans un contrat. La clause implicite est si évidente qu'elle n'a pas besoin d'être exprimée, en sorte que si, alors que les parties sont en train de négocier, un témoin officieux leur suggérait de l'inclure dans leur contrat sous forme de stipulation expresse, elles l'arrêteraient vivement, et d'une seule voix, s'exclameraient : « mais cela va de soi ! »

Le juge a pris soin de dénoncer une décision précédente qui, selon lui, ouvrait la porte à l'irrationnel et à l'imprévisible, le cas *Moorcok*[82] du nom d'un navire qui était prudemment à quai avec à son bord un chargement, et qui s'était, c'est vraiment ballot mais cela arrive, retrouvé à sec à marée descendante. Navire et chargement endommagés, procès, le juge s'appuyait sur l'intention des parties, ce qui constitue le socle historique du droit contractuel français. Le danger de la divination plane, et les juges s'emploient à le combattre en ayant recours à l'homme imaginaire, le témoin officieux qui, seul, offre une garantie de sérieux et de stabilité, quand les recherches d'intentions latines sont si pleines d'aléas. Il faut combattre ces incertitudes.

Dans l'affaire de 1939, à la suite du rachat d'une société, un directeur a été remercié, le juge imagine le film, avec dans le rôle principal, non pas Mr Shirlaw, le directeur, mais le témoin officieux, l'homme imaginaire : « (...) je me demande ce qui serait advenu si, au moment de la rédaction du contrat, avant la signature, un tiers, lisant le document avait dit : "Est-ce que cela ne serait pas bien, d'inclure une clause précisant que la société ne va pas exercer un droit qui lui permette de priver Mr Shirlaw de son statut de directeur". Alors Mr Shirlaw aurait : "Cela va sans dire !", et la société aurait répondu avec la même alacrité : "mais bien sûr" etc. » Le dialogue entre personnes imaginaires, ou personnes morales (la société), continue ainsi pendant une page.

Le but est l'objectivité, une tentative de rationalisation pour renforcer la sécurité juridique, souci éternel, mais le chemin pris est une traverse qui s'échappe dans les régions les plus actives de l'imaginaire.

On rencontre dans d'autres décisions le témoin innocent, presque une redondance, mais qui indique assez bien, que lorsqu'on parle de tiers, ce n'est pas comme on prétend l'étranger lointain, mais le proche, le voisin. Il n'a rien à voir, mais il a tout à voir. Le témoin innocent est bien souvent une personne réelle, véritablement témoin d'un acte pénalement répréhensible, tandis que le témoin intelligent est une idée, une invention pure dont la personnalité s'affirme au gré des contentieux.

SECOND DEGRÉ

Les juges, avec une ironie et une distance qui sont les caractères les mieux partagés dans le pays, se moquent des personnages qu'ils ont eux-mêmes créés et qui, comme Hyde au célèbre médecin, leur a échappé.

Schuler est un industriel allemand fabriquant des machines euh… Wickman est son représentant exclusif en Angleterre. Il a promis de se rendre chez des clients potentiels à un rythme qu'on peut qualifier d'effréné, et même de pénible : tous les quinze jours, il va essayer de leur vendre une de ces machines. Un jour, il manque une visite et hop, les Allemands, s'appuyant sur une clause qui prévoyait la sortie du contrat à la moindre faille, intentent une action en justice ; longue procédure, long jugement pour tenter de faire rendre gorge à un long contrat, rédigé avec les pieds. Cinq juges de la Chambre de Lords y vont de leur opinion sur près de trente pages.

L'un d'eux, Wilberforce, écrit : « J'ajouterais juste, pour ma part, que qualifier la clause d'arbitraire, de capricieuse ou d'absurde, ou encore introduire dans l'histoire, pour tester sa validité, l'omniprésent homme raisonnable (j'ignore s'il est anglais ou allemand) c'est prétendre, contre toute évidence, que les deux parties de ce contrat ont adopté une norme souple et accommandante, et non une exigence de ponctualité et d'efficacité agressive et insistante[83]. »

AMERICAN DREAM

La scène dans le mémorial de Lincoln est filmée de sorte que les silhouettes sont écrasées par les colonnes ; les visiteurs sont des fourmis, et les idées qui les entourent les dépassent. Un enfant lit le beau texte gravé dans la pierre. Il tient la main d'un vieil homme aux yeux fatigués, le vieux se repaît des mots qu'il connaît par cœur, et qu'il grave ainsi dans l'esprit de l'enfant. On voit les drapeaux flotter, et le bienveillant géant de pierre nous encourage. Communiste Capra ? un peu de sérieux ! Il avait la foi des immigrés, de ceux qui veulent furieusement être du pays qui les accueille, porter un prénom local, Franck ou Jeff aux États Unis, de ceux qui ont fui, et qui se vautrent avec délice dans le rêve des Pères Fondateurs. Il adaptait des scénarios écrits pas d'autres et certains l'ont sans doute manipulé, glissant ici et là des idées que l'Italien ne remarquait peut-être pas, tout occupé par le feu qui l'habitait, le souhait de raconter l'histoire, et de la donner à voir.

Un père fabrique des feux d'artifices, car « il n'a jamais grandi ». Dans *La Vie est belle*, allusion ou hasard des parentés souterraines, il y a une autre analogie avec l'existence de James Barrie : des enfants jouent sur un étang gelé, l'un d'eux disparaît sous la glace, son frère le sauve.

Le chrétien Capra ne boude pas le hasard et la chance. Le gouverneur, torturé par le choix qui lui est imposé par un méchant magnat de la presse, décide de tirer à pile ou face. Il lance la pièce, sans même tenter de la rattraper, elle tombe sur la tranche mais à côté d'un journal dans lequel on mentionne Smith. Alors c'est dit, ce sera lui le candidat au Sénat. D'abord méfiant, les autres flairent le bon coup : Smith n'y connaît rien, il sera facile à manipuler. Mais tel est pris qui croyait prendre, et la comédie du faux naïf, qui ne renonce ni à la vérité, ni à l'honnêteté, se rejoue dans le théâtre politique.

Le pouvoir, l'industrie, le capital, sont brocardés. Lors du premier discours de Smith-James Stewart, derrière la table d'honneur, un somptueux décor floral offre l'image d'un Capitole aux contours tremblés[84]. La presse est manipulatrice et ses campagnes sont montrées par des unes tournoyantes, évocation des rotatives et de leur vacarme. Les images se figent pour laisser voir des titres spectaculaires, que nous recevons comme autant de coups. Les thèmes courent dans de nombreux films.

Un individu pur, un peu naïf, se lève contre le mal, et la corruption de la presse, du pouvoir, ou de la finance, avec sa seule bonne volonté, son honnêteté. Le schéma rejoint l'éternel échange du maître ignorant et du serviteur dont la sagesse, finalement, triomphe. Le même personnage passe d'un film à l'autre, d'un corps à l'autre, de James Stewart à Gary Cooper, tous ces beaux acteurs au corps souple, et un peu courbé, aux yeux agrandis par l'étonnement ou l'admiration : le héros américain, Mr Smith, Mr Deeds, ou John Doe.

L'homme ordinaire n'est pas seulement incarné dans les héros, il est surtout présent dans les foules qui l'entourent, les pauvres gens, que la crise a ruinés, et qui attendent dans une file interminable, qui ont faim, les fermiers aux visages assombris et creusés par le soleil, les petits épargnants qui ont peur de se faire voler leur argent, et veulent tout récupérer, tout de suite aujourd'hui, le jeune homme encore enfant, perdu devant le juge, ou la famille italienne bruyante qui déménage avec enfants et chèvre (*capra*). Les théories antisystèmes ont enfanté des monstres, des idiots, et des extrêmes qui, comme on le sait, se rejoignent, mais il ne s'agit pas de cela devant la caméra de Capra : il filme les visages nus avec une tendresse qui hisse les images au rang de parabole.

La maison de la famille Vanderhot dans *Vous ne l'emporterez pas avec vous* est le lieu de la fantaisie et de l'enfance conservée. Le grand père ne croit pas aux impôts. Un matin il a pris l'ascenseur, « et n'est jamais retourné au bureau, car il ne s'amusait plus. » La mère écrit des pièces de théâtre depuis qu'on a livré, par erreur, une machine à écrire, on trouve de temps en temps de l'argent en vendant des bonbons. Chaque jour quelques pique-assiettes leur rendent visite : un maître de ballet russe, à l'accent théâtral, ou le fiancé de la cuisinière. Une des sœurs, habillée en tutu pendant presque tout le film, traverse le salon de pas de danse et d'entrechats, bras en couronne, comme un automate grandeur nature qui se hisse sur les pointes au son du vibraphone. Sans aller jusqu'à la rigueur bressonnienne, la musique est souvent la musique qu'on voit jouer : chants, harmonica, enfant au piano, violoniste tzigane, ou Mr Deeds qui joue du tuba, vautré sur son lit. Les vastes pages symphoniques du compositeur Dimitri Tiomkin sont, la plupart du temps, réservées aux titres de journaux.

Une des filles, charmante Jean Arthur, travaille dans un consortium ; elle est la secrétaire du fils, James Stewart toujours, qui n'est guère attiré par « les affaires ». Il veut l'épouser, choc des milieux, l'intrigue se noue. De péripéties en obstacles, de chagrins en malentendus, que les fantasques Vanderhot favorisent, les deux familles se retrouvent devant le juge.

Petite leçon de procédure accusatoire : le banquier et sa femme sont défendus par quatre avocats en frac et hauts-de-forme. Il s'agit d'un tribunal pour les petites infractions, pas habitué à de semblables clients, ni même à les voir représentés par des conseils (« la cour est flattée »). Le juge tente de faire respecter l'ordre dans la salle, échoue, s'amuse du bruit et de la pièce qui se joue devant lui. La famille Vanderhot est accusée de fabriquer des explosifs sans licence, et les deux groupes sont accusés de tapage nocturne (tous les feux d'artifice ont explosé, créant une panique et un bruit infernal, avec fusées sortant des fenêtres, des portes, et évacuation d'urgence par la police). Les Vanderhot plaident coupables (« Si des gens se sont plaints de tapage, c'est donc que nous sommes coupables. ») « Non coupables bien sûr ! », s'exclament les avocats du banquier. L'amende payée grâce aux amis du quartier, présents dans la salle pour l'absence de licence, le procès ne va pas plus loin pour les Vanderhot. Pour le banquier en revanche, le juge ne voit pas comment l'un pourrait être coupable et l'autre pas, il doit donc laisser la procédure aller jusqu'à l'audience[85]. Et pan. La partie à laquelle nous avons assisté n'était que l'audience préliminaire.

Les juges sont typiquement des juges du système accusatoire : ils veillent au respect d'une procédure, qui est par ailleurs initiée et menée par les avocats. Comme autrefois Arbuthnot dans ses textes, en utilisant le droit et le judiciaire, les tribunaux comme des théâtres où les vérités apparaissent et les intrigues se dénouent, Capra en profite pour en souligner les travers. Smith accusé de corruption par les corrompus doit se défendre devant une commission parlementaire : bataille d'experts barbus et à lunettes qui affirment avec autorité, du haut de leur vingt ans de pratique, les uns une chose, et les autres son contraire.

Dans *L'Extravagant Mr Deeds*, le scénario dénonce les faiblesses du système d'interrogatoire et de contre-interrogatoire, et fait voler en éclat le fragile témoignage de deux sœurs, des vieilles filles charmantes, les sœurs Faulkner, qui trouvent que Deeds (à qui elles doivent beaucoup) est « piqué ». C'est la conclusion du premier interrogatoire. Le contre-interrogatoire est mené par Deeds, (Gary Cooper) lui-même : « Y a-t-il d'autres personnes piquées à Mandrake Falls ? ». « Finalement tout le monde est piqué à Mandrake Falls, sauf nous ! », répondent les deux témoins. Le juge, attendri, dissimule un sourire. Le film « Mr Smith » se termine en bataille généralisée, sous les yeux d'un chairman amusé, qui croise les bras derrière la tête pour mieux profiter du spectacle. (Il y a beaucoup de batailles, de grands bazars bruyants où tout le monde cogne et crie).

Le mécanisme des transactions avant jugements est aussi dénoncé. L'avocat a proposé d'abandonner l'action, si un accord financier est trouvé : cela prouve qu'il ne pense rien de ce qu'il dit, et que sa seule motivation est financière !

L'enfance est un thème central. Les enfants offrent une serviette au futur sénateur « pour transporter tes lois », réjouissante image de lois qui tiendraient dans un petit cartable.

La gentille secrétaire, excédée, usée par les compromissions, et fragilisée par le sentiment amoureux qui la cueille alors qu'elle ne s'y attendait pas, décide de démissionner. Smith a réveillé en elle le reste de rêve et d'enfance, et elle n'a pas la force de le supporter. Pourtant, lorsqu'elle quitte son bureau, elle rassemble ses affaires, et sort du dernier tiroir la poupée de chiffon qu'elle tenait cachée. Les enfants sont présents partout : ils aident à dénouer les choses en imprimant durant toute une nuit des articles rétablissant la vérité sur l'honnêteté de Smith. Sans doute n'avons-nous jamais été les enfants purs, enthousiastes, confiants que décrit Capra, et pourtant, la nostalgie de l'âge imaginaire est la chose la plus touchante qui soit. Il nous dit de le retrouver, de ne pas abandonner tout à fait les sentiments qu'on lui prête.

Dans *La Vie est belle*, l'esprit de Noël joue le même rôle : un jour de parenthèse. L'existence du héros est l'inverse des célèbres vers de La Fontaine : « On rencontre sa destinée / Souvent par des chemins qu'on prend pour l'éviter ». L'homme pour qui des dizaines de prières s'élèvent un soir, n'est pas parvenu à éviter un destin tracé : il voulait s'échapper de cela, aller étudier à l'université, partir, découvrir le monde. À chaque tentative, des obstacles se sont élevés pour le maintenir dans la ville de son enfance, par une sorte de glue attachée aux petites rues, aux braves gens, aux projets modestes. Il reste pris comme dans une toile d'araignée. Un ange replet va lui donner à voir ce que la toile en question embrasse, le rôle qu'à son insu, ou sans conscience profonde, il a joué non directement pour lui-même, mais dans la vie des autres : un seul événement, ancien, qui permet d'éviter un drame (une erreur dans la délivrance d'un médicament), et laisse le pharmacien vieillir paisiblement, ou une action dans sa ville qui lui a évité de devenir un cauchemar de laideur commerciale.

En n'échappant pas à ce qu'il pensait être un carcan, il accomplit sa vie et rencontre sa destinée. Beaucoup plus chrétien que communiste, si la commission chargée de contrôler les activités anti-américaines veut mon avis.

Horizons perdus fut longtemps oublié sur les étagères des collectionneurs ou des diffuseurs. On peut le voir, presque en entier (il manque quelques minutes d'images, pour lesquelles seul le son a été récupéré). Le scénario est adapté d'un roman de James Hilton. Un petit groupe de réfugiés qui tentait d'échapper au conflit sino-japonais, a été évacué à la hâte par un diplomate britannique, qui est lui-même du voyage. Hélas, l'avion s'écrase dans les montagnes du Tibet. Le froid mord, le blizzard souffle, il neige, ils n'ont pas de nourriture, mais soudain, apparaît une cordée de voyageurs emmitouflés. Chance ! leur chef parle anglais : quelle aubaine pour les personnages et le spectateur ! Après une route lente et difficile, ils aperçoivent une vallée qui semble bénie : nature douce, temps clément, et d'étranges palais qui déploient leurs blanches façades sous le soleil. On lit, on fait de la musique, pas d'argent, pas de médecin, pas de jalousies, pas de crimes. Pourtant, pas de télégraphe, aucun lien avec l'extérieur, et le premier village est à des centaines de kilomètres. Les naufragés sont prisonniers du paradis. L'auteur du roman a nommé son utopie Shangri-La : une fiction si prégnante que de nombreux lieux prétendent l'avoir inspirée, et que le commerce même s'en est habilement emparé. Dans l'œuvre de l'Italien, la lamaserie isolée préfigure la petite ville américaine de « La vie est belle » : un lieu heureux, mais dont le héros voudrait s'échapper, jusqu'à ce qu'une crise finale lui fasse mesurer sa richesse. Par ce chemin aussi, les parentés se tissent, de Capra à Borges, du rêve à la politique : utopie, fictions, mythe.

L'HOMME MOYEN SENSUEL

La liste des livres qui firent scandale et sont aujourd'hui considérés comme des chefs-d'œuvre ou qui font intimement partie du socle de culture partagée et sont étudiées dans les écoles, est fort longue. Certains tentent de tirer argument de la liste en question pour excuser leurs propres échecs, et l'ombre dans laquelle ils demeurent, comme si l'artiste pouvait exister autrement que dans la souffrance particulière du doute et de l'incompréhension. Je me souviens de l'opéra de Donatoni, mort depuis de la maladie qu'il décrivait et mettait en scène, rapportant, avec un mélange d'orgueil et de tristesse, des conversations de sa femme avec des voisins : « Alors votre mari, toujours à la maison ? Toujours pas de travail ? » ou quelque chose d'approchant. À plus ou moins grande échelle, il faut endurer, mais rien n'est comparable aux batailles d'autrefois, d'avant : avant l'explosion des formes, musicales, littéraires, sociales.

James Joyce, dans son *Ulysse*, écrit une errance dans Dublin, tout un monde qui tiendrait en une seule journée, au gré d'une pensée dont enfin on comprend la naissance, le déroulement et les méandres, une journée banale. En cela, il nous intéresse. La « Société new-yorkaise pour la suppression du vice » (*sic*) a contribué directement à l'interdiction du livre, à la clandestinité de sa circulation. De leur côté, Joyce, ses agents et ses éditeurs, orchestraient une dramatisation : publiée par Random House dans la première édition américaine, le livre avait été tiré à cent exemplaires, qui devaient permettre d'établir le copyright dans le pays. Le contentieux portait sur des questions de douane et d'entrée sur le territoire, alors qu'il s'agissait, plus profondément, de s'interroger sur la liberté d'expression, non pas politique, mais littéraire. Que la pornographie ou l'obscénité fussent des limites de cette liberté n'était pas en doute, mais c'est leur difficile définition que devait donner le juge. Au lieu de cela, il a lu avec soin l'œuvre, et les commentaires, déjà nombreux, du livre, et cherché à déterminer quel était le projet de l'auteur.

Or le projet était bien littéraire : il ne s'agissait nullement d'exciter les bas instincts des êtres humains…

Dans la décision de la cour de New-York[86], le juge Woolsey écrivit : « Joyce a tenté – avec me semble-t-il un succès stupéfiant – de montrer comment l'écran de la conscience avec ses images aussi mouvantes que celles d'un kaléidoscope, accueille comme s'il était un palimpseste de plastique, non seulement les choses réelles que chaque individu peut observer dans son champ de vision, mais aussi, dans une zone ombreuse, la trace d'impressions passées, certaines récentes, d'autres qui remontent du subconscient par association. »

Cependant, comme il fallait bien faire un peu de droit, et répondre à la question du caractère lubrique de l'œuvre, le juge poursuivit : « La question de savoir si un livre donné tend à exciter de telles pulsions et pensées doit être mesurée par la cour en évaluant son effet sur une personne avec des instincts sexuels normaux, ce que les Français appelleraient *l'homme moyen sensuel*[87], qui joue dans ce domaine de l'investigation juridique, le même rôle que l'homme raisonnable en droit de la responsabilité et l'homme de l'art pour les questions d'inventions dans le droit des brevets. »

La décision de justice, dit-on, la plus célèbre du monde. On ignore la raison de la présence française dans le raisonnement du juge. J'ai vainement cherché la trace de l'homme moyen sensuel jusque sur les rayonnages cachés de nos bibliothèques. Qui est il ? qui fixe la norme ? Je l'imagine d'âge moyen, mais rien n'autorise à cantonner ainsi celui qui a des instincts sexuels normaux.

Malheureusement, l'homme moyen sensuel a eu une existence assez brève (peut-être pourrait-il aujourd'hui retrouver quelque emploi), et les juges américains lui ont vite préféré la personne normale, *the average person*, plus banale, et plus facilement reconnue par les anglophones. Woolsey avait précisé : « le droit ne s'occupe que des personnes normales. » Pour contrebalancer une analyse trop admirative de l'œuvre, il concluait : « Après une longue réflexion, je pense que, bien que, sans aucun doute, l'effet d'*Ulysse* sur le lecteur soit quelque peu émétique, il ne cherche nulle part à être aphrodisiaque. Pour cette raison, *Ulysse* peut donc être admis aux États-Unis[88]. »

RÉSONANCE 6

Une toile peinte orne un mur de ma chambre. Il s'agit d'un décor de théâtre, un essai de couleurs ou un fragment, on ne sait pas, un long pan qui, du pavement au ciel, décline de sombres nuances : la ruelle, la façade, puis enfin, le clair, les nuages. Une fenêtre laisse voir, seule tâche de couleur, un rideau et une chambre rose profond. La toile est soigneusement enroulée sur deux baguettes, une en haut pour la lisser, une autre en bas, plus lourde, pour faire contrepoids. Inépuisablement, s'imaginent les scènes qui ont pu se jouer devant la maison grise : une mère seule avec son enfant, passe un légionnaire, l'amour se trame… Des valets, qui mènent le jeu, leurs maîtres, abrutis, l'enchaînement des scènes jusqu'au meurtre, ou des ouvriers qui travaillent des tissus précieux, ourdissant pendant le jour, et la nuit, songeant à la révolte… Ainsi, sans fin, l'évasion.

Pas vraiment une attente, pas un rêve, plutôt une interrogation. Certains jours la solitude est indépendance et liberté : aller et venir sans rendre compte… d'autres jours, ou parfois le soir, les respirations sont longues, et l'air pesant, comme si le sentiment précédait la rencontre : quelqu'un à aimer, à chérir. Suis-je à l'image des jeunes filles d'autrefois, bercée de contes, dans lesquels un prince les attend ? Tout de même pas, je n'ai plus vingt ans, j'ai lu des livres. Et pourtant, le sentiment prendrait aisément possession de moi et je retrouverais sans peine le tour de mon esprit qui naguère se laissa envahir jusqu'à presque s'abolir, laissa l'image de l'autre, le souci de l'autre, la vie de l'autre, m'absorber, et croître comme une fleur monstrueuse jusqu'à l'étouffement. L'amour est un lierre, je m'entourais de ses douces volutes… pour qui, désormais, dans les jours qui s'appliquent de nouveau à la régularité – et les nuits grises ?

Un coup de dé jamais n'abolira le hasard. On dit que le mot *zahr* signifie fleur, car dans ce jeu de dé, sur la face gagnante, on voyait une fleur, mais aussi que *za* veut dire la chance. Sur une autre route, John attend, il m'attend paisiblement, comme on attend le matin, courbant l'échine pendant les heures désespérantes d'inquiétude, feignant l'indifférence, habitué à la patience. Inlassablement, il demeure au seuil, il me laisse me délier et chasser mes ombres. Un jour, nous nous rencontrerons, ce sera simple, nous parlerons peu, nous serons amants, et une vie commencera.

L'HOMME DANS L'OMNIBUS DE CLAPHAM

John Doe n'est plus que le nom de quelques amnésiques ou de quelques cadavres inconnus, il n'est plus le génial personnage des procédures anglaises. Il s'est exilé en Amérique, poussé hors des prétoires de Westminster par les lois victoriennes. Dans le même temps, l'homme prudent ou raisonnable prend son essor, il s'est dégagé peu à peu de la chrysalide du droit romain. L'observateur intelligent a joué des coudes, et se poste désormais aux côtés de chaque négociateur, et à la porte de chaque usine : le XIXe siècle est là, et la Reine bientôt veuve, à qui le pouvoir échappe petit à petit, veille sur l'Empire et son pays, que l'industrie recouvre de ses fumées et de ses rails. Et voici qu'apparaît le cousin, le frère, le double de l'homme prudent, de l'observateur, comme si l'effacement de John Doe, de Goodtitle et de Troublesome laissait un regret : l'homme de l'omnibus de Clapham.

Le mot *omnibus* borne le passé de manière certaine : inventé à la fin des années 1820 en France, il traverse la Manche en quelques mois. Il désigne des voitures tirées par des chevaux, mais aussi des trains. La gare de Clapham est un nœud ferroviaire, une gare de triage : voies alignées, aiguillages et quais gris, une gare bien trop grande pour la ville qui l'abrite, entre Waterloo et les stations du sud. Ceux qui prennent le train pour la City chaque matin, et à nouveau le soir, (rendez-vous sous l'horloge) finissent par se connaître car, réflexe, on se met toujours au même endroit sur le quai : on échange des propos sur le temps, le thé, qui réchauffe, et Noël qui approche… Dans le wagon, certains dorment, on lit le journal, peu de livres. Quelques histoires sentimentales finissent par se nouer. On se voit vieillir. Quand le train brinquebale sur les vieux aiguillages de Clapham, on sait qu'on va arriver bientôt, la journée se déroule : traverser le pont à grand pas, peut-être un bus, les collègues. Et le soir, l'aiguillage passé, on peut se laisser un peu aller, calé dans le fond du siège, somnolant, encore une journée. L'homme dans l'omnibus de Clapham a une vie bien régulière, il est sérieux, il a les pieds sur terre, une maison, un peu loin de Londres, certes, mais on a de l'air, et je peux jardiner. Il a un travail, du bon sens, il est responsable. Voilà quelqu'un à qui l'on peut confier un jugement. Clapham, l'Angleterre des travailleurs et de la modernité.

Il aura fallu de nombreux allers et retours, que le nom devînt familier à tous, que le creuset de l'habitude permît d'identifier les hommes de l'omnibus, et qu'ils fussent assez nombreux pour dessiner, dans l'esprit des juges, et même du public, un être moyen, une référence, un archétype que la seule mention de son moyen de transport quotidien fait apparaître. Mais pourquoi, pourquoi, pourquoi ce cousin moderne, dans une famille aux ramifications déjà nombreuses ? Le voyageur des transports parisiens lit des livres – des romans. Des classiques, parfois, que le rythme des stations doit entrecouper de ses freinages bruyants, ou des livres « de l'été », très distrayants, des situations très bien rendues, avec de belles descriptions. Le voyageur londonien lit le journal : celui du matin, celui du soir, le bon marché avec une photo de femme nue, le sérieux, presque républicain, qui relègue les photos d'un bébé-prince en page intérieure, mais tous lisent un journal. Et c'est là, sans doute que gît la raison qui favorisa la naissance du jeune cousin de l'homme prudent.

L'affaire était la suivante : une troupe de théâtre avait monté un « Musical » jugé par un critique, dans le journal de Plymouth, comme « une absurdité musicale en trois actes. » L'intrigue est décrite comme inexistante, les personnages sans épaisseur, et les comédiens sans talent. Le metteur en scène et acteur avait attaqué le journal en diffamation. C'est vrai que c'est une mauvaise critique. Lord Collins a jugé que l'article constituait pourtant un commentaire juste du spectacle. C'est, assez logiquement, un lecteur de journaux que convoque le juge pour étayer son raisonnement, un lecteur avec son bon sens, sa capacité d'appréciation, pour juger du caractère diffamatoire ou non de l'article : l'homme voyageant sur l'impériale de l'omnibus de Clapham ou, à la suite d'un auteur américain, l'homme qui rapporte ses magazines à la maison, et le soir, tond la pelouse en bras de chemise. Mais quels magazines ? interroge le juriste réveillé.

Collins attribue la paternité du voyageur a un de ses aînés, lord Bowen, alors jeune avocat qui s'opposa à la revendication du demandeur dans l'affaire de la disparition de l'héritier Tichborne, qui agita la société victorienne dans les années 1870[89].

L'expression connaît de nombreuses adaptations à l'étranger : le cousin de Hong-Kong est l'homme dans le tram pour Shawkiwan.

Lord Greer[90] lui confie la décision dans une affaire d'accident survenu lors d'une course de voiture : une sortie de route d'un véhicule blesse les spectateurs massés au bord. L'homme dans l'omnibus de Clapham sait bien qu'aucune barrière n'aurait pu empêcher l'accident « hautement improbable », la responsabilité de l'organisateur est écartée. Le droit est une matière mouvante. Dans cette histoire de course de voiture, n'aurait-on pu, ou peut-être même dû, appeler l'homme ordinaire, habitué des décisions en matière de responsabilité civile, plutôt que le voyageur de Clapham, lecteur de journaux, et donc à même d'être consulté dans les cas de diffamation ? Admettons que le lecteur soit aussi un badaud, et qu'il ait donc sa place au bord de la piste de course.

L'homme suit la mode, et l'évolution des transports : dans un jugement récent, il est « le voyageur du métro londonien[91] ». Dans cette affaire, il s'agissait d'une demande d'indemnisation à la suite de la naissance, après une procédure de stérilisation chirurgicale, d'une enfant en bonne santé. On retrouve la dimension d'origine : le badaud, l'homme qui lit les journaux et qui a une opinion sur l'affaire. Il n'a rien à voir avec l'affaire, on ne l'imagine pas proche ou voisin des parents, non, il lit simplement le journal. Il est le tiers vraiment lointain, pas l'observateur intelligent qui vous colle pendant la négociation du contrat, mais l'homme qui lit un compte-rendu dans la presse et exprime une opinion. Il est l'homme de la rue, qui inspira les études statistiques de Quetelet.

RÉSONANCE 7

Le moment de l'attente, si particulier. Dans un même jour, étrange superposition, coexistent l'inquiétude, qui présage toutes les autres qui suivront forcément, et la sérénité, qui provoque le sourire idiot, incontrôlable. L'esprit est sans cesse occupé par un être dont l'image se dérobe, la pensée s'obsède pour quelqu'un qu'on ne connaît pas, et la nuit, le rêve poursuit la conversation silencieuse. La fatigue vient à la fin, le ventre trop gros, les douleurs, le poids, le petit qui se tourne et retourne, ah ! il faut rester allongée, quelques jours mi-sommeil mi-veille, rêve et pensée mêlés.

Est-ce du long dialogue sans mot que les nouveau-nés tiennent leur incroyable présence ? De quelle étonnante manière les petits corps aux os presque souples, vagissant et avide, les visages parfois plissés parviennent-ils à effacer toutes les images aux contours indécis d'un enfant attendu, dont on ne sait rien ? Ils pleurent, ils réclament, ils tètent bruyamment dans le vide, et parfois, silence parfait, yeux attentifs, ils paraissent vouloir comprendre le monde. Alors, tout commence.

LA MODE À L'ENVERS

« Un client fantôme est une personne qui croit que vous la représentez, même si elle n'a pas retenu vos services de façon formelle. Vous pouvez ne pas être au courant que cette personne pense que vous la représentez et a les mêmes attentes que tout autre client. Les clients fantômes peuvent s'attendre à ce que vous leur fournissiez des services juridiques, que vous protégiez leurs intérêts, que vous traitiez l'information de manière confidentielle, et que vous évitiez tout conflit d'intérêts qui se rapporte à eux ou à leur affaire. Selon la façon dont le client fantôme a pu croire que vous agissiez en son nom, vous pourrez être tenu d'accomplir une ou plusieurs de ces fonctions. (…) » (publié par le Barreau du Haut Canada[92])

CALCUL

Le premier venu, (mais de quelle file d'attente, de quelle liste, de quel classement peut-il s'agir ?) n'est pas tout à fait le même que le type lambda, plus proche des désormais familiers voyageurs d'omnibus qui sillonnent nos villes et nos campagnes, et des hommes prudents ou raisonnables jusqu'à l'ennui. L'usage serait venu des élèves de l'École polytechnique, groupe fermé et homogène sans doute et qui, comme tout groupe, forge ses coutumes, son langage et ses références.

Le lambda-calcul, un des sombres puits mathématiques de mon ignorance et de mon étonnement, a été inventé me dit-on, dans les années trente, et suivi sans doute presque immédiatement de l'utilisation de « lambda » pour désigner les élèves les moins bien classés. J'ai renoncé à comprendre le rôle exact joué par la lettre grecque dans la théorie, et ne goûte donc que partiellement la finesse de l'allusion.

Le quidam, n'est pas loin, latin qui guette le grec, et lui ravit la vedette du haut de sa paradoxale antériorité.

NAUFRAGE

Au début du XIXe siècle, Henriette, enfant illégitime d'un Bourbon, épouse un membre d'une des plus vieilles familles d'Angleterre, mais catholique heureusement ! Elle ne s'habitue à rien, tout lui déplaît. L'ennuyeuse vie campagnarde, la mode si différente, l'odeur du lard grillé le matin, les scones, pâteux comme du mauvais pain, la chasse, la pluie qui glace les os. Dans l'étang, elle voit l'image tremblée de la belle maison, qu'elle déteste. Et son mari, de vingt ans son aîné, qui en paraît le double. Elle n'était pas assez jolie sans doute pour qu'on fasse fi de sa naissance bâtarde, et qu'elle demeure à Paris. Il fallait l'exil pour gommer la faute dont elle n'était pas coupable, et comme toujours, on se réfugie en Angleterre. Deux garçons naissent du mariage malheureux. Roger est le premier. L'héritier du titre, du nom, de la fortune. Elle est une Bourbon, elle comprend tout cela. Roger est atteint d'une malformation : il n'est pas tout à fait comme les autres garçons. Comme les médecins disent que cela pourra s'arranger avec l'âge, que les organes atrophiés se développeront peut-être, la mère saisit le prétexte pour fuir, voyager, retourner en France. Elle interdit que le petit porte des pantalons, et l'affuble d'un genre de jupe ou tablier, pour éviter toute compression défavorable. La mode médicale laisse alors large part à l'approche mécanique. Le pauvre petit est ridicule – vainement selon toute vraisemblance.

L'enfance passe, il faut céder au père et à la tradition, rejoindre une de ces pensions anglaises où l'on fabrique les gentlemen. Roger grandit, et à l'occasion d'un séjour chez une tante, s'éprend de sa cousine germaine. Pas question de cela, les deux familles sont d'accord : il faut les éloigner l'un de l'autre. Henriette est désespérée : l'enfant qu'elle a tant choyé, qui a eu tant de difficultés lorsqu'il était petit, et qui a gardé, d'ailleurs, une silhouette gracile et une délicatesse de manières qui la comblent, se séparer de lui ! Mais un mariage entre cousins germains est impossible. Il ira donc découvrir le vaste monde. Cela ne peut lui faire que du bien, et ils écriront à qui il faudra, au Brésil ou ailleurs, pour qu'il soit reçu. Alors, le frêle jeune homme s'embarque, et laisse sa cousine – qui se mariera quelques semaines plus tard avec un autre. Au fond, Roger est content. Il étouffait un peu. Il chérit sa mère bien sûr, mais ses inquiétudes incessantes finissaient par lui peser. Un beau navire, et c'est le départ, le vaisseau se détache du port, sentiment que tout commence, foule mélangée qui pleure et qui rit, qui admire la manœuvre. Roger regarde cela, il agite la main, comme les autres. Il aura une cabine confortable, un peu de repos est bienvenu, a-t-il dû penser, comme tous les oisifs qui ne savent pas ce dont ils parlent.

Il traverse l'Atlantique, quelle aventure, et fait route vers l'Amérique du sud. Il n'a pas de vrai projet : le projet du voyage, c'est le voyage lui-même, déplacement d'un point à un autre, parties de chasse, ainsi passera le temps. Il parcourt le continent. À Santiago, il se fait photographier, c'est une nouvelle mode, les portraits instantanés, qu'on voit apparaître sur des plaques. Il faut rester bien immobile, pour que l'image se fixe. Alors on prend la pose, coude plié, un panama, c'est local, le visage étroit, le regard un peu mou de ceux qui hésitent à la croisée des routes. Voilà, ah, bien ! merci monsieur, je vais adresser cela à ma mère. Henriette reçoit avec joie le portrait cartonné.

À Rio, Roger s'embarque sur un voilier, *La Bella*, en route pour la Jamaïque, ou plutôt, on l'embarque, car il est ivre mort, et en outre sans visa ni passeport, si bien que le vice-consul britannique a dû intervenir (pour être bien certain sans doute de se débarrasser de lui, rien de très brillant…) Las ! on apprendra quelques jours plus tard le naufrage du trois-mâts.

En Angleterre, Henriette est folle de chagrin. Sans cesse, elle retrace l'enchaînement des événements, le séjour, la cousine, la décision d'envoyer l'enfant chéri au loin, la séparation… Le temps, le temps : elle est veuve, et il a bien fallu déclarer la mort du disparu – et que le frère cadet héritât de tout, le titre, la fortune, considérable il est vrai, elle n'avait pas mesuré du vivant de son mari. Elle ne se résigne pas. Quelle mère digne de ce nom se résignerait ? Son petit, qu'elle n'a même pas enterré. Le bruit court que des survivants auraient réussi à atteindre l'Australie. Il est vivant, elle le sent, blessé peut-être ? amnésique qui sait ? pourvu qu'il soit bien traité, comme il doit l'être : il a ses habitudes… Il faut le ramener en Europe. Elle se lance alors dans une folle campagne, publie des annonces dans la presse australienne, promet des récompenses, il faut retrouver l'héritier Tichborne, embarqué sur *La Bella* qui a sombré, récompense promise.

Brusquement, miracle, un boucher, établi à Wagga-Wagga, annonce que c'est lui, l'héritier Tichborne. Il avait en effet perdu la mémoire… mais le nom publié dans l'annonce a ravivé en lui le souvenir de son enfance. Le voilà en Angleterre, à Tichborne, et Henriette le reconnaît aussitôt, un cœur de mère ne se trompe pas … comme il a dû souffrir ! Dans son entourage, on est plus circonspect : le boucher de Wagga-Wagga ne possède aucune de ces grâces qu'on appelle sociales. Il est épais, et son accent ! Et puis il ne connaît pas un mot de français. Alfred, le frère cadet du disparu n'est pas convaincu du tout. S'il était certain, bien sûr, il n'opposerait aucune résistance, mais là…

L'affaire Tichborne est le procès le plus retentissant de la fin du XIXe siècle. On se passionne dans la presse. Est-ce lui ou pas ? Quelques semaines après le début des audiences, Henriette meurt. Elle était le plus fervent soutien de l'ancien boucher, qui doit faire face seul désormais, à un cadet qui n'entend pas se laisser déposséder, aux juges et aux barristers perruqués, aux journalistes qui se font abondamment l'écho de chaque détail et rebondissement, aux rumeurs et conversations qui circulent des champs de courses aux auberges, des salons aux clubs, de Westminster aux confins du Yorkshire. Il résistera à tout car l'enjeu est d'importance : le titre, la propriété, la fortune. L'opinion suit un mouvement de balancier irrégulier, au gré des plaidoiries, le procès dure des mois. On parle, on commente, on chuchote derrières les éventails en s'étouffant : « Il souffrirait de la même malformation… ». Le procès civil conclut que le demandeur n'est pas l'héritier Tichborne, mais le fils d'un boucher londonien exilé en Australie. Pour étayer sa démonstration, Bowen, l'avocat du frère cadet, fin juriste et esprit littéraire, fait référence à l'homme de l'omnibus de Clapham, celui qui lit les journaux. On lui prête donc la première mention du voyageur imaginaire.

Il plaide : n'importe qui de sensé, ne peut reconnaître l'héritier dans ce personnage, ni admettre les invraisemblables récits qu'il présente.

Un procès pénal suit, car le boucher s'est rendu coupable de parjure en prétendant être le dernier Baronet Tichborne. Il est condamné à un long emprisonnement. Son avocat, qui a enfreint à peu près toutes les règles de la profession, est rayé du barreau. Et pourtant, le célèbre demandeur n'abandonne pas. Pour gagner sa vie, à sa sortie de prison, il raconte sa dure vie d'héritier bafoué, dans des salles de moins en moins pleines[93]. Borges donna à son histoire l'épaisseur de la légende, comme une plongée dans les miroirs qui, enfant, le terrorisait, et Joyce l'utilisa pour son *Ulysse*[94].

Ainsi, hasards de ma promenade, les fils se sont tissés.

SI C'ÉTAIT UN ROMAN

Louisa a un tempérament mélancolique, rêveur, elle est parfois dominée par ses nerfs. L'injustice la met hors d'elle. Un enfant qui se fait gronder à la place d'un autre, un pauvre qui perd le peu qu'il a, un employé injustement remercié, son cœur s'emballe, et l'image de la pauvre victime la hante des jours durant. À la nuit tombée, elle imagine de discrets stratagèmes. Le cœur gonflé d'un trop plein de gentillesse et de bienveillance, en pensée, elle déverse ses bontés sur des inconnus qui ignorent souvent son existence : l'enfant aperçu, le pauvre marchand qui a perdu son bien, l'employé privé de travail…

Ses quelques amies la moquent gentiment lorsqu'elle se livre. Allez ma bonne, vous voilà encore partie en croisade… Le soufflé retombe alors, et Louisa retourne à sa vie régulière, soudain consciente du ridicule. Le temps a passé, elle est restée jolie : la bouche dessinée, la peau blanche des rousses, et l'air gallois, si reconnaissable. Elle est venue dans ce coin d'Angleterre, chez « une parente » qui projetait de la marier, mais le promis ne lui a pas plu. Petit scandale dans la famille, et l'on ne manque pas de lui rappeler « son erreur », à chaque lettre ou presque. Elle supporte. Parfois, des langueurs la prennent, dans la lumière grise des fins de journée. Elle soupire profondément, comme si elle cherchait une bouffé d'air et l'apaisement. Elle se dit qu'elle n'a pas changé depuis ses quinze ans. Où sont passées toutes ces années ? Et si elle était rentrée au Pays de Galles ?

Elle se rend régulièrement à Londres. Quelque course, une vague cousine… Elle est reçue ici ou là, pour des fins d'après-midi. Elle y croise des gens charmants qu'elle regarde avec soin, elle converse volontiers. Elle s'interroge : reconnaîtrait-elle l'amour ? l'émotion qu'on décrit dans les livres ? Elle passe volontiers de longues heures à lire les émois des héroïnes de romans, elle se nourrit d'intrigues et de voyages, jusqu'à en être enivrée. Lorsqu'elle se retrouve à la lumière du jour, les personnes qu'elles croisent alors lui semblent moins réelles que les amoureuses et leurs prétendants, que l'imagination d'un écrivain (une femme souvent) a fait se lever autour d'elle, et qui la suivent de leur ombre. Ah comme elle voudrait les soulager de leurs tourments, eux aussi ! Comme elle saurait aimer les hommes, soulager le cœur des mères, consoler les enfants !

Un automne, envie de changement, conscience soudaine du temps qui passe, elle décide de se rendre à Londres plus souvent. La gare, le quai, tout devient familier. Certains voyageurs empruntent le train chaque jour : ils se saluent, échangent quelques mots, des hommes surtout. Elle remarque certains d'entre eux. Il y en a un pour qui le paysage n'existe pas, non plus que les autres personnes du wagon. Il est sans cesse plongé dans son journal, il le lit du début à la fin. À croire qu'il commence par le prix, et termine par l'adresse de l'imprimeur. Les autres sont invisibles, mais lui est très amusant à observer. Il rit silencieusement, s'émeut, s'étonne. Et cet autre, qu'on ne peut non plus ignorer : il est assez pitoyable, un peu crasseux, et tient un discours fumeux, spiralique. On ne le comprend guère. Celui qui par mégarde s'assoit à ses côtés est bon pour subir, durant tout le trajet, un flot de paroles qu'on démêle mal. Louisa l'a déjà entendu servir une soupe où se mêlent amertume et grandeur. Il pleure sa mère, qui l'aurait reconnu, elle, car une mère n'oublie jamais son enfant. Il est contraint de se produire dans des music-halls, car il a à peine de quoi vivre, alors qu'il est de sang plus noble que la famille royale, et que son frère cadet se pavane dans le domaine familial, sans vouloir même le recevoir. « Moi qui vous parle, je possède en réalité une propriété vaste comme un comté et ma mère est de sang royal. Oui, c'est bien triste. J'ai eu des malheurs, si Defoe m'avait connu, il aurait écrit mon histoire et elle aurait surpassé celle de Crusoe. Moi aussi, je me suis embarqué, et mon vaisseau a sombré. J'ai vécu plusieurs années dans l'amnésie, loin de ma chère Angleterre, et de ma tendre Maman. Par bribes, des images me revenaient, des grands arbres du parc ou de nos voyages en France. Lorsque tout fut reconstitué dans ma pauvre mémoire, je suis rentré, mais personne n'a voulu me reconnaître et ma pauvre mère est morte. Et me voilà presque mendiant, contraint d'arpenter les scènes des théâtres, moi, le fils aîné… » Et cætera, et cætera. Les premières fois, le wagon l'écoutait avec bienveillance et curiosité, mais à la longue, les voyageurs soupiraient dès qu'il entamait son grand air.

L'automne passa, le soleil était loin, et le froid vif. Sur le quai, le mauvais thé réchauffait mal Louisa. Un rhume lui emprisonnait les tempes, et elle sentait des frissons glacés la parcourir. Le pharmacien lui avait vendu des fumigations, en lui promettant monts et merveilles. Combien de pauvres victimes se laisseront encore gruger par tout ce boniment ? Ah, non il faut agir ! Elle ira au tribunal s'il le faut. En attendant, elle s'emmitoufla dans son écharpe et tenta de s'abriter.

L'après-midi précédente, sa cousine l'avait emmenée à l'écart : « Reviens la semaine prochaine, il y aura là un certain John, un garçon charmant, et je pense que vous pourriez tout à fait vous entendre. Il a eu des malheurs : il a été marié, mais sa jeune épouse est morte d'une angine, quelques mois après la cérémonie. C'était il y a près de huit ans. Il est calme, posé, il a un peu de bien, un emploi je ne sais plus où, dans une banque je crois : il est sérieux, c'est un homme prudent, et raisonnable, il prendra toujours la bonne décision pour lui-même, ses finances et sa famille … s'il a la chance de se remarier. Je m'arrangerai pour le placer à côté de toi. Tu es encore jeune, mais cela ne durera pas, penses-y. »Louisa avait écouté, mi-attendrie par le pépiement de sa cousine, mi-agacée. D'où vient la rage de vouloir marier les autres, de les appareiller comme on réunit deux cartes identiques ou du bétail ? Elle n'a besoin de rien, et si un sentiment devait naître, il ne viendrait sans doute pas de la cousine entremetteuse. Son mari est ennuyeux comme un jour trop long, et si elle a pour les hommes le même goût que pour l'habillement, le pire est à redouter. Ainsi Louisa ruminait avec un mélange de colère et d'interrogation. La semaine était passée, elle avait été prise chaque soir de ses langueurs et soupirs : peut-être, mais qui, et où ? lors d'une réception chez la bavarde cousine, à l'heure triste de la tombée du jour ? Comment les conversations, qu'on s'applique à maintenir dans la zone bienséante de la banalité, peuvent-elles révéler les âmes ?

En effet, le garçon était charmant, presque parfait en un sens : beau, les cheveux épais, une prestance, un phrasé musical… Sans doute averti par la cousine, il prêta la plus grande attention à Louisa qui, peu séduite pourtant, se laissa aller à parler de l'injustice et des pauvres. Elle se livra même un peu, pour indiquer qu'elle savait ce qui était en jeu : sa vie trop calme, les reproches de sa famille, parce qu'elle avait refusé « un bon parti ». Il murmura, comme on invite : « ma sœur me reproche aussi de ne pas m'être remarié, mais encore faut-il... je rêve d'une personne, non pas ordinaire, mais comment dire... raisonnable, et dont les goûts s'accorderaient aux miens, vous voyez ? » À ce moment de la conversation, Louisa comprit qu'elle ne pourrait pas épouser ce garçon, parfait à tous égards, encore moins s'éprendre de lui si tant est que les deux puissent, ou doivent être séparés. Alors, libérée du poids d'un enjeu trop important, et brusquement indifférente au regard de sa cousine, elle éprouva un grand soulagement, et à l'autre bout du salon, avisa un vieil Américain, de passage à Londres, et termina l'après-midi à ses côtés : il l'entretint de ses recherches. Il parlait toutes les langues de la terre, s'intéressa sans feinte à ses œuvres, à ses élans charitables, et lui fit un éloge touchant de sa fiancée morte. Son accent nasal la dérouta, puis la charma. Sa tristesse, aussi. Dans le train qui la ramenait, un peu plus tard que prévu, elle contempla les voyageurs. Tous ces hommes qu'elle confondait dans une grisaille unie, les costumes de bonne laine, les manteaux identiques, les journaux qu'on dévore, et toujours le lecteur presque maladif, qui semblait jouer sa vie sur chaque page. Soudain elle ne vit que lui. Elle fut comme hypnotisée par ses mains, des mains soignées, de larges paumes, et les doigts qui se courbaient joliment sur la page. Elle tenta d'imaginer sa profession. La banque aussi comme l'autre ? ou le droit peut-être ... Il y en avait beaucoup dans ce train de Waterloo, qui rentraient vers le sud, après une journée près des cours. Ou quelque chose au Parlement, qui sait ? À la gare de Clapham, la rame fut secouée au passage des aiguillages, le fracas métallique désormais familier lui fit détourner la tête, et observer l'enchevêtrement des rails, qu'elle tenta un instant de déchiffrer, comme un message ancien qui lui indiquerait son destin. Clapham passé, son regard revint à l'intérieur du wagon. Le lecteur dormait, ou plutôt il somnolait, elle voyait trembler ses paupières. Elle découvrit mille beautés dans son visage, puis se reprit. Allons, ils ne pourraient jamais lier connaissance. Bientôt il fallut descendre, la nuit était tombée, et elle chassa de son esprit le voyageur aux mains viriles, aux yeux mi-clos, qui continuait sa route.

Même train, la semaine suivante. Hasard, destin, la seule place libre était à côté du beau lecteur. Elle remarqua ses cheveux plaqués, et une odeur d'eau de toilette légère qu'elle huma délicieusement. Et voilà qu'elle imaginait à nouveau... Sur la banquette qui leur faisait face, était assis un homme d'âge et de taille moyenne, qui les observait avec acuité. Son regard allait de Louisa au lecteur, et inversement, elle crut même l'entendre prononcer un « Ah » étouffé, lorsque Louisa dut rassembler toute sa volonté pour tourner la tête, et contempler, avec une indifférence feinte, le paysage de briques et de verdure qui défilait à l'extérieur. Avait-il deviné le combat qu'elle menait pour se raisonner ? Elle crut entendre un détective qui venait de ramasser une preuve incontestable. Le soir, à Waterloo, rien n'avait été dit, mais elle rencontra le lecteur parfumé sous la pendule. Il la salua poliment, et s'enquit de sa journée. Elle rougit de ce rendez-vous, sa voix trembla un peu, puis la conversation commença. Il s'appelait Harry, il parlait bas, oui, il aimait lire le journal, il avait des goûts simples, et se détendait, le week-end, en jardinant. Au moment de le quitter, elle fut saisie de tristesse. Dans la petite gare, le froid l'enveloppa. Le reverrait-elle ? ou n'était ce qu'une douce parenthèse ? Les rencontres ferroviaires ne se renouvellent jamais. Cependant, la semaine suivante et la semaine d'après, le matin et le soir, Harry était là. Les jours passaient, il lui racontait une enfance sans histoire. Pas de chagrin d'amour, non, juste pas l'occasion. Elle le distinguait maintenant au premier regard, dans la foule sombre des voyageurs : toutes les ombres s'effaçaient, tous les autres visages se brouillaient, toutes les voix se mêlaient, sa silhouette seule, dans le gris éclatant de son pardessus, sa belle tête, sa chevelure soignée, sa main légère. Son corps souple se détachait doucement du paysage brumeux.

POST-SCRIPTUM

Il est souvent stupide de suivre le mouvement, et parfois stupide d'y résister. Un être imaginaire que la foule s'approprie, et que chacun reconnaît ? Comment ne pas évoquer Charlie, à qui une foule identifia par un ferme et simple « je suis », et qui, avec la souplesse des personnages de papier, sans oublier le sang et l'effroi qui avaient provoqué sa naissance, s'est éloigné du journal qui lui a donné son nom pour s'élever au rang de principe, et tenter vainement, impalpable filigrane, de nous protéger ?

NOTES

Les décisions citées sont consultables sur le site des juridictions et sur le site British and Irish Legal Information Institute (B.A.I.L.I.I.). Les décisions anciennes peuvent être lues, pour la plupart d'entre elles, sur le site Commonwealth Legal Information Institute (English Reports). Les décisions américaines sont accessibles sur les sites des juridictions ou par l'intermédiaire du Legal Information Institute (Cornell University). Les traductions sont de l'auteur.

1. cette tentation, à laquelle je dois résister, je sais, comme une menace. Comment pourrais-je trahir ma propre langue, ne serait-ce pas le déni de la littérature ? On dit que la langue maternelle ne s'oublie jamais Et pourtant, Casanova n'est-il pas un écrivain français ? Et ceux qui ont eu cette expérience de traverser la ligne étaient des marins qui parcouraient sans cesse le globe, ou des migrants dont l'identité était presque perdue. Et retrouvée quand ils retraversaient la frontière. Moi, à l'inverse, je ne suis pas voyageuse. Je me sens obligée de m'excuser d'avoir écrit sur cet homme anglophone, en France, sur une question anglaise, en français. Et pourtant, pourquoi ? L'écriture ne consiste-t-elle pas à être soi-même ? Conférences et cours sur le système juridique anglais, les regards perplexes des auditeurs, cela a fait partie de ma vie depuis près de trente ans.
2. *Le Livre des êtres imaginaires* J. L. Borges avec Margarita Guerrero. Trad. ed. Gallimard.
3. *Admiralty Jurisdiction* de Hale and Fleetwood, cité par Alan Cromartie *in Sir Matthew Hale (1609-1676) Law, Religion and Natural Philosophy* p. 111 Cambridge University Press 1995
4. Roger Jacob *Le Juge et la fiction dans la common law et dans les cultures romano-canoniques* 2012 Institut des Hautes Études sur la Justice, publié sur ihej.org le 6 mars 2013
5. Assize of Clarendon 1166
6. Assize of Northampton 1176. Palmer, Roger C., *The Origins of Property in England* (1985). *Faculty Publications.* Paper 901. http://scholarship.law.wm.edu/facpubs/901
7. T.F.T. Plucknett *A Concise History of the Common law* 1956, p. 358, (Réédition The Law Book Exchange Ltd 2001). Walker and Walker *The English Legal system*
8. *Plaintiff, mortgage, tort, lien* : demandeur, hypothèque, source de responsabilité délictuelle, droit de rétention ou de suite
9. John Adams in *Treatise in the Principle and Practice of the Action of Ejectment* W. & A. Gould & Co, London 1830 and Google books. « *This action of ejectment is a fictitious mode of legal proceeding by which possessory titles to corporeal hereditaments and titles, may be tried, and possession obtained, without the process of real action.* ». Roger Jacob suggère la traduction de fictitious par « fictice » (art. préc.)
10. Goodtitle V. Rogers (1744) Eng. Rep. 614 (1744) 1 Barn. KB. 7
11. Goodenough v. Butler 3 Dowl., 751, Goodright d. Fowler v. Forrester (1807) Eng.Rep. 316 (1807) 8 East 552 cités par Cole on Ejectment *op. cit.*
12. Fowler v. Shamtitle Burr. 1290 Troublesome v. Estill 1 Bibb's Rep. 266 cités par J. Adams, *op. cit.*

13. Blackstone *Commentaries of the Laws of England* (Yale.edu.18th century/Blackstone)
14. Voir notamment les décisions publiées par la Buckinghamshire Record Society
15. Table of cases in *Cole on Ejectment* « The Law and Practice in ejectment under the Common law Procedure Acts 1852 1854 ». L'introduction historique décrit l'état du droit avant les réformes victoriennes.
16. *Ibid.* Book 3 Appendix
17. Common law Procedure Act 1852 s. 169
18. Bloomsbury Publishing and J.K. Rowlings v. News Group Newspaper Ltd and others (2003) EWHC 1205 (ch).
19. *Adolphe Quetelet* Alain Desrosières in « Courrier des statistiques » n° 104 Déc. 2002
20. *Torts**
21. *Vaughan v Menlove* (1837) 132 ER 490 (CP)
22. M'Alister or Donoghue v. Stevenson 1932 UKHL,100, 1932 AC 562
23. Mullin v. Barr, 1929 S.C. p. 461
24. Bates v. Batey & Co. (1913), 3 KB., 351
25. Lord Esher in Emmens v. Pottle 1885, 16 QBD 354 (page 357-358) cité par Lord Macmillan in Donoghue v. Stevenson préc.
26. Michael J. Franklin *Sir William Jones* University of Wales Press (1995)
27. William Jones *Law of Bailments* 1781 (3rd London edition 1828)
28. The Unfair Contract Terms Act 1977 est applicable aux clauses contractuelles comme aux situations de responsabilité délictuelles (*Contracts* and *torts*)
29. Art. de Eric de Scheemaker, review of E. Shrage « Negligence. The comparative legal History of the Law of Torts » in Revue Internationale de Droit comparé 2004 Vol. 56. P. 263 à 266. L'auteur mentionne « La dette du droit anglais à l'égard de Rome »
30. Coggs v. Bernard 2 Lord Ragan 909. Texte integral de *An Essay on the law of bailment* de William Jones éd. Hogan & Tomson Philadelphia 1836 publiée sur archive.org « if it had appeared that the mischief happenened by any person that met the cart in the way the bailee had not been chargeable » Appendix page 123
31. *op. cit.* texte principal, *in fine*
32. Blyth v. The Birmingham Water Works Company (1856) 11 Exch 781
33. Michael J. Franklin Sir William Jones « Selected Poetical and Prose Works » University of Wales Press (1995).*The Moallakat or Seven Arabian Poems which were suspended on the Temple at Mecca*, London, 1783. Texte français librement adapté de la traduction de Heidi Toelle. *Les Suspendues*, Garnier Flammarion 2009
34. « Un jour sur la crête de la dune,elle se refusa à moi / Faisant le serment que jamais elle ne se dédirait. » La Mu'Allaqa d'Imru' Al-Qays strophe 18. Trad. Heidi Toelle
35. . « Tu ne sais pas non plus combien de nuits / À l'air si doux, aux plaisirs, aux commensaux exquis / J'ai passé à deviser » La Mu'allaqa de Labîd Ibn Rabî'a Strophe 57 *sq. Ibid.*
36. « Souvent, j'ai bu un vin sans mélange, me laissant charmer par le chant d'une esclave / Qui de son pouce frôlait les cordes d'un luth ! » Strophe 60 *Ibid.*
37. "Quand les clans se rencontrent puor tenir assemblée, c'est toujours / l'un de nous qui s'érige en défenseur têtu d'une affaire ardue, s'en inflige le fardeau" La Mu'allaqa de Labîd Ibn Rabî'a Strophe 78 *Ibid.*
38. LaMu'allaqa de 'Amr Ibn Kulthûm, Strophe 21 *Ibid.*
39. Rt Hon Lord Hoffmann (1995) *Anthropomorphic justice : The reasonable man and his friends*, The Law Teacher 29-2, 127-141
40. Le niveau d'information et de mise en garde dépend des circonstances, et du caractère évident du danger pour un utilisateur raisonnable. (*"obviousness to the reasonable user") in* Coal Pension Properties Ltd v Nu-Way Ltd [2009] EWHC 824 (TCC) (27 April 2009)

41. Lambert & Ors v Barratt Homes Ltd (Manchester Division) & Anor [2009] EWHC 744 (QB) (17 February 2009)
42. Woodbridge School v. Chittock (2002) EWCA 915 26 June 2002
43. Rabone and Anor v. Pennine Care N.H.S. Trust (2009) EWHC 1827 Q.B. (23 July 2009)
44. Mr Justice Elias *in* Bici and Anor v. Ministry of Defence (2004) EWHC 786 Q.B. (7 April 2004) citant Lord Diplock *in* Attorney General for Northern Ireland reference 1 of 1975 (1997) A.C. 105
45. Constitution of Clarendon 1166 s. 4.
46. Glasgow Corporation v. Muir (1943) 2 A.C. 448
47. Lord Diplock in R. v. Camplin 1978 AC 705 (p. 718)
48. Bedder v. D.P.P. 1954 W.L.R (Weekly Law Reports) 1116. « *This is probably the greatest concept that the common law has given to systems of law : the reasonable man. It has the advantage of being a universally applicable standard. Here, where two matters have to be reconciled, respect for the sanctity of human life and recognition of the effect of provocation on a person's self-control, these have to be balanced by this test, and there are no grounds on which the test ought to be liberalised or reduced.* »
49. R. vs Camplin et Coronoers Justice Act 2009 section 54 (1) c. Prise en compte de l'âge et du sexe
50. Homicide Act 1957 Section 3
51. « L'Homme sans qualités » Roger Musil, Trad. Philippe Jaccottet. Ed. du Seuil
52. p. 512 ed Point
53. Jugement de Lord Steyn, dans l'affaire Percy Trentham (G. Percy Trentham Ltd v. Archital Luxfer Ltd (1993) 1 Lloyd's Rep 25 at 27) cité par RTS Flexible v. Molkerei & Co (2010) UKSC 14
54. G. Percy Trentham Ltd v. Archital Luxfer Ltd (1993) 1 Lloyd's Rep 25 at 27
55. Copyright, Designs and Patent Act 1988
56. Suivant le domaine le mot *trust* et ses dérivés a pour équivalent (et peut donc être traduit par) fondation ou fiducie (qu'il a directement inspirée). D'autres équivalences peuvent être indiquées, notamment en droit successoral.
57. Henry IV 1re Partie Acte II Scène IV
58. Sans doute pas sur le principe de la propriété de la terre, cependant.
59. Chapitre V « Les Manières »
60. « A. Has a lease for years in trust for B. B. is attainted of felony. The King shall have it » Case XXXIX, 1220. Hob. 214 Earl of Sommerset's case. Syd. 260. Cr. Jac. 512. (Commonlii)
61. Carlill v. Carbolic Smoke ball company, 1893 1 QBD 256 Les juges ont aussi considéré que la réclame constituait une offre contractuelle (et non une simple invitation à entrer en pourparlers)
62. *Le Livre des snobs* W.-M. Thackeray
63. *The bona fide purchaser for value without notice.* Utilisé aussi en vente immobilière.
64. « Market overt exception ». Supprimée par Sale of Goods (amendment) Act 1994
65. Ingram v. Little 1961 Q.B. 31 Lewis v. Averay 1972 Q.B. 198
66. Voir de James Sharpe *Remember, Remember, The Fifth of November* Profile Books Ltd et *Remember, remember : a cultural history of Guy Fawkes Day* Harvard University Press 2005 et de *D. Cressy*, *The fifth of November remembered*, in *Myths of the English*, R. Porter (1992), Cambridge, Polity Press
67. Mots célèbres d'un célèbre Premier Ministre
68. Art. 627 c. civ.
69. Art. 1766 c.civ.
70. Art. 1806 c. civ.

71. Art. L221-2 code de l'urbanisme
72. Alors que je relis mon travail, j'apprends que quelques députés ont souhaité voir la notion rayée de nos codes et lois aux motifs de son ancienneté. Il faut leur réponde : justement !
73. Oscar Chess Ltd v. Williams (1956) EWCA Civ 5 (11 Nov. 1956)
74. Pour les éléments biographiques, on peut se reporter à la notice de Henry Morley sur Gutenberg où l'on trouvera aussi les principaux textes de l'auteur.
75. *The History of John Bull* Chapter 5
76. *The ordinary person.*
77. « Salmagundi, or, the whims-whams and opinions of Launcelot Langstaff, esq, and others »
78. *« Resolved by the Senate and the House of Representatives that the Congress salutes Uncle Sam Wilson of Troy, New-York, as the progenitor of America's National symbol of Uncle Sam »* (« Par une résolution du Sénat et de la Chambre des Représentants, le Congrès reconnaît que Oncle Sam Wilson, de Troy, New-York, est l'ancêtre du symbole national de l'Amérique, Oncle Sam »)
79. « N'allez jamais à l'étranger, c'est un endroit épouvantable ».
80. Voir l'article « John Bull » par Susi Jeans *in The New Grove's Dictionary of Music and Musicians, Oxford.*
81. Shirlaw v Southern Foundries [1939] 2 KB 206 Court of Appeal (1940) AC 701 House of Lords
82. *The Moorcock* (1889) 14 PD 64
83. L. Schuler AG v. Wickman Machine Tools Ltd [1973] UKHL 2, [1974] AC 235 ;
84. *Mr Smith Goes to Washington*
85. *Trial*
86. Roth v. United States 354 U.S. 476 (1933)
87. En français dans le jugement
88. Confirmé par United States v. One Book Called « Ulysses » by James Joyce 72 F. 2d. 705, 706 (2d Cir 1934)
89. Voir en ce sens la biographie de Lord Bowen in Nationmaster-Encyclopedia website reprenant un article de 1911 paru dans l'Encyclopedia Britannica
90. Hall V. Brookland Auto Racing Club ; Mc Guire v. Western Morning News C.A. 1903 Collins MR Compte rendu détaillé de Mc Guire New Zealand Herald « Theatrical Criticism » ; « Press rights and privileges » (« Critique théâtrale, droits de la presse et immunités ») ; http://paperspast.natlib.govt.nz
91. Lord Steyn in MacFarlane v. Tayside Health Board H.L. 1999
92. The Law Society of Upper Canada, Article 2013
93. Douglas Woodruff « The Tichborne Claimant, A Victorian Mystery » London 1957 ; « The Tichborne Archive » disponible sur le site du Hampshire County Council ; Tichborne v. Lushington C.P. 1871 et Regina v. Castro alias Tichborne Q.B. 1872. On trouve mention de l'affaire dans le préface de George Bernard Shaw à *Androcles et le lion.*
94. James Joyce *Ulysse* Chapter 16. Borges L'imposteur invraisemblable, Tom Castro in *Histoire Universelle de l'Infamie, histoire de l'éternité.*

TABLE DES MATIÈRES

IMPRIM'VERT®

Achevé d'imprimer par Corlet Numéric,
Z.A. Charles Tellier, Condé-en-Normandie (Calvados). N° d'impression : 156938
Imprimé en France